HANS ERHARD LAUER

DIE ENTWICKLUNG DER MUSIK
im Wandel der Tonsysteme

D1734339

HANS ERHARD LAUER

DIE ENTWICKLUNG
DER MUSIK

im Wandel der Tonsysteme

Dritte unveränderte Auflage

1976

VERLAG DIE PFORTE · BASEL / SCHWEIZ

INHALT

„ . . . Musik ist höhere Offenbarung als alle Weisheit und Philosophie . . .
Sie ist der einzige unverkörperte Eingang in eine höhere Welt des Wissens,
die wohl den Menschen umfaßt, die er aber nicht zu fassen vermag. Es
gehört Rhythmus des Geistes dazu, um Musik in ihrer Wesenheit zu fassen,
sie gibt Ahnung, Inspiration himmlischer Wissenschaften, und was der
Geist sinnlich von ihr empfindet, das ist die Verkörperung geistiger Erkenntnis. Obschon die Geister von ihr leben, wie man von der Luft lebt,
so ist es noch ein anderes, sie mit dem Geiste zu *begreifen;* — je mehr aber
die Seele ihre sinnliche Nahrung aus ihr schöpft, je reifer wird der Geist
zum glücklichen Einverständnis mit ihr. Aber wenige gelangen dazu; denn
so wie Tausende sich um der Liebe willen vermählen und die Liebe sich in
diesen Tausenden nicht *einmal* offenbart, obschon sie alle das Handwerk
der Liebe treiben, so treiben Tausende einen Verkehr mit der Musik und
haben doch ihre Offenbarung nicht . . ."

Beethoven zu Bettina Brentano

Musik und Mensch

Wer ein Musikinstrument zu spielen erlernt hat oder durch Unterricht im Gesang einigermaßen mit der Musik vertraut geworden ist, der ist auch mit der Tatsache bekannt geworden, daß das Material der Tonkunst: die Töne, sich nicht nur nach Höhe und Tiefe unterscheidet, sondern in gleichsam immer wieder in sich zurücklaufenden Spiralen: den verschiedenen „Oktaven" von „unten" nach „oben" steigt, — daß die Schritte von Ton zu Ton innerhalb der „Tonleitern" nicht alle gleich groß sind, sondern in gesetzmäßiger Weise zwischen „ganzen" und „halben" abwechseln, und zwar in verschiedener Art, je nachdem wir es mit einer „Dur"- oder mit einer „Molltonleiter" zu tun haben. Er hat auch die zwölf „Tonarten" kennen gelernt, die sich im „Quintenzirkel" anordnen lassen und die sich voneinander unterscheiden durch die verschiedene Zahl von Erhöhungen oder Erniedrigungen einzelner ihrer Töne. Kurz: er hat erfahren, daß das Tonmaterial, mit dem wir musizieren, ein in bestimmter Weise geordnetes System darstellt.

Als Mensch der Gegenwart weiß ein solcher Kenner der Musik freilich noch mehr: So vertraut und selbstverständlich das eben angedeutete System der Töne und Tonbeziehungen der neueren Menschheit geworden ist — sind doch in ihm die klassischen Werke aller der großen Meister der neuzeitlichen Musik geschrieben —, ältere Epochen der musikalischen Entwicklung haben es noch nicht gekannt, und gerade unser 20. Jahrhundert ist im Begriffe, seine Herrschaft zu stürzen und an seine Stelle ein anderes oder andere zu setzen. Nicht daß das Tonmaterial als solches aufgegeben würde — die extremsten Richtungen schrecken freilich selbst davor nicht zurück —, aber die siebenstufigen Leitern, die Unterscheidung von Dur und Moll, die verschiedenen Tonarten mit ihren Vorzeichen werden von der sog. „atonalen" Musik über Bord geworfen, ja das Tonmaterial selbst wird teilweise durch Einfügung von kleineren als Halbtonschritten: von Viertel-, Sechstel- usw. Tönen erweitert. Ein Suchen nach neuen Klängen, ein Experimentieren mit neuen Tonfolgen hat seit Beginn unseres Jahrhunderts eingesetzt, das denjenigen, dessen Ohr an die Klanggebilde der großen Meister der Vergangenheit gewöhnt ist, in Verwirrung und Ratlosigkeit stürzt, zur Ablehnung und Abwehr reizt. Wenn auch schon mancher der extremen „Neutöner" im weiteren Verlauf seines Schaffens wieder in ältere Geleise zurücklenkte, das Neue bricht sich, im Ganzen genommen, doch mit solcher Wucht Bahn, daß man sich wohl oder übel hineinzuhören genötigt ist. Doch wie läßt sich verstehen, wohin die Entwicklung will? Wie läßt sich in dem Durch- und Gegeneinander der Versuche und Bestrebungen eine Orientierung gewinnen?

Voraussetzung hierfür wäre, daß man wüßte, wie ein Tonsystem überhaupt entsteht und was in ihm zum Ausdruck kommt. Um dies zu erfahren, wird man sich vielleicht an die Akustik wenden. Sie sagt uns, daß, wenn man von einer in Schwingung versetzten Saite, die einen bestimmten Ton erzeugt, nur die halbe Länge schwingen läßt, die nächsthöhere Oktave erklingt. Läßt man zwei Drittel ihrer Länge schwingen, so erklingt die Oberquinte zu dem ursprünglichen Ton, bei dreiviertel die Quarte, bei $^4/_5$ die große Terz usw. Die schwingenden Längen einer Saite bei Grundton, Oktave, Quinte, Quarte, Terz verhalten sich also zueinander wie 1, $^1/_2$, $^2/_3$, $^3/_4$, $^4/_5$. Im Zusammenhang mit diesen Tatsachen spricht die Akustik vom System der „Obertöne". Diese kommen dadurch zustande, daß beim Schwingen einer Saite nicht nur diese als ganze schwingt, sondern zugleich auch Schwingungen ihrer verschiedenen Teillängen mit erregt werden. Diese erzeugen die Obertöne, die mit dem Grundton mitklingen und je nach ihrer Anzahl — denn diese ist bei den verschiedenen Mitteln der Tonerzeugung eine verschiedene — diesem eine bestimmte „Klangfarbe" verleihen.

Aus diesen physikalisch-akustischen Tatbeständen können — wie dies z. B. durch H. Helmholtz in seiner „Lehre von den Tonempfindungen" geschehen ist — Gesichtspunkte für die Herleitung von Tonsystemen gewonnen werden. So läßt sich aus ihnen etwa die fundamentale Stellung, welche die Oktavenreihe innerhalb der Gliederung unseres ganzen Tonmaterials einnimmt, dadurch erklären, daß die Folge der Oktaven von unten nach oben in Bezug auf die ihnen entsprechenden Saitenlängen sich verhält wie 1, $^1/_2$, $^1/_4$, $^1/_8$, $^1/_{16}$ usw. Ebenso läßt sich die Bedeutung, die der Quinte innerhalb unseres Tonsystems zukommt (Quinte als Dominante, Quintenzirkel der Tonarten, Quintenabstand der Saiten unserer Streichinstrumente) daraus ableiten, daß ihr die Dreiteilung der schwingenden Saite zugrunde liegt.

Die angedeuteten mathematischen Gesetzmäßigkeiten, die in den Intervall-Beziehungen zwischen den Tönen enthalten sind, dürfen in ihrer Bedeutung gewiß nicht unterschätzt werden. Sie sind keineswegs zufällig; in ihnen kommen vielmehr Wesen und Charakter der Intervalle in einer bestimmten Form zum Ausdruck. Um diesen Zusammenhang sehen zu können, sind jedoch zwei Voraussetzungen nötig. Erstens muß man unabhängig von diesen Zahlenverhältnissen schon etwas vom „Wesen" der Intervalle wissen; zweitens bedarf es dazu einer Auffassung der Zahlen, welche in diesen nicht bloß verschiedene Größen (Quantitäten), sondern auch den Ausdruck verschiedener Qualitäten zu erkennen vermag. Das letztere ist dem heutigen Menschen freilich völlig fremd geworden. (Ältere Zeiten kannten noch eine qualitative Mathematik.) Es erfordert schon eine völlige Umstellung der Blickrichtung, um das Qualitative der Zahlen gewahr zu werden, und eine gründliche Vertiefung in die Tatbestände, die sich da zeigen, — wenn man in dieser Richtung zu erheblichen Resultaten gelangen will. In dem bedeutenden Werk „Die Zahlengrundlagen der Musik" (drei Bände) von *Ernst Bindel* (Stuttgart 1950) werden auf Grund einer so gearteten Zahlenerkenntnis von den mathematischen Gesetzmäßig-

keiten der Tonbeziehungen her tiefe Einblicke in die Entstehung der Tonsysteme erschlossen. Allerdings ruhen seine Darstellungen noch auf einer
anderen Grundlage, und damit kommen wir auf die erstgenannte Voraussetzung zurück.

Heute wird nämlich nicht nur die Zahl im allgemeinen rein quantitativ
aufgefaßt, sondern mit dieser Auffassung ist auf dem Gebiete der Akustik
auch die Theorie verbunden, daß objektive Wirklichkeit nur den Luftschwingungen zukomme, der Ton dagegen erst in der menschlichen Seele
entstehe, d. h. nur im menschlichen Bewußtsein als Empfindung vorhanden
sei. Man bleibt daher, wenn man mit der üblichen Zahlenauffassung die
Tonsysteme von den mathematischen Verhältnissen zwischen den Saitenlängen bzw. Schwingungszahlen her zu erklären versucht, völlig außerhalb
des eigentlich Musikalischen. Denn im musikalischen Erleben leben wir ja
nicht in der Welt der Luftschwingungen, sondern in der Welt der Töne
und der Intervalle als solcher. Die ihnen entsprechenden Schwingungszahlen-
verhältnisse finden wir erst auf dem Weg des wissenschaftlichen Experi-
ments. Aber diese haben mit unserem musikalischen Erleben und gar mit
der künstlerischen Gestaltung der Tonwelt unmittelbar nichts zu tun. Wir
stimmen unsere Musikinstrumente in den bestimmten Intervallen nicht
mittels Experimentierapparaturen, sondern mittels unseres empfindenden
Ohres. Und wenn wir im Gesang selbst Töne hervorbringen, so erzeugen
wir die entsprechenden Luftschwingungen — ohne von ihnen und ihren
Zahlenverhältnissen zu wissen — aus dem unmittelbaren Erleben der betreffenden Töne und Intervalle. Die Tonwelt ist nicht ein bloßes „Epiphä-
nomen" der Luftschwingungen, keine bloße „Wirkung", von der diese die
„Ursache" bilden, sondern eine eigene, *selbständige Welt*. Und die Luftschwingungen mit ihren Zahlenverhältnissen, die wir — mittels verschiedenster Instrumente, zu denen auch unser eigener Kehlkopf gehört — erzeugen, sind nur das *Mittel*, durch das wir die Welt der Töne zur *sinnlichen
Offenbarung* bringen. Dies kann zwar nur der Mensch; aber es ist dennoch
ein absurder Gedanke, daß die Tonwelt *nur* in der menschlichen Seele vorhanden sei. Auch wenn man durchaus begreifen kann, wieso dieser Gedanke
durch die moderne Physik entstehen und zur Herrschaft gelangen konnte,
so bleibt er deshalb, um nichts weniger absurd. Er ist es im selben Maße,
wie es der Gedanke wäre, daß die Welt der Sprache als äußere Wirklichkeit nicht existierte, sondern nur in der menschlichen Seele vorhanden wäre,
und im Äußeren nur die entsprechenden Luftschwingungen stattfänden.
Das Wahrheitsmoment, das er enthält, besteht lediglich darin, daß die
Welt der Töne — wie auch die der Sprachlaute — *allein durch den Menschen zur Erscheinung gebracht wird*. Denn was in der Natur ohne den
Menschen ertönt: Wasserrauschen, Windeswehen, Tiergebrüll, Vogelge-
zwitscher usw., sind nur ferne oder nähere Anklänge an diese Tonwelt.
Die Musik selbst ist als sinnlich erklingende nur durch den Menschen in
der Welt. Also muß sie — in ähnlicher Art wie die Sprache — eine ganz

besondere Beziehung zum Wesen des Menschen haben, eine ganz bestimmte Funktion innerhalb des menschlichen Daseins erfüllen, ein ganz bestimmtes Moment seines Wesens zur Offenbarung bringen.

Wie aber läßt sich diese ihre Bedeutung ergründen? Die gewöhnliche Psychologie genügt hierfür nicht. Es bedarf hierfür nämlich einer inneren Anschauung des menschlichen Seelenwesens, wie sie uns in unserem „normalen" Bewußtsein, in welchem sich auch die psychologische Forschung bewegt, nicht gegeben ist. In diesem alltäglichen Bewußtsein lebt sich unser seelisches Wesen dar; eben darum kann es sich in ihm nicht zugleich Gegenstand der Beobachtung sein. Eine solche Beobachtung ergibt sich erst, wenn von diesem gewöhnlichen Bewußtsein zu einem höheren aufgestiegen wird, dessen Träger nicht mehr unmittelbar die Seele, sondern der *Geist*, d. h. das *innerste Wesen* des Menschen ist. Die Mittel und Wege zu einem solchen Aufstieg sind in unserer Zeit durch die von *Rudolf Steiner* begründete anthroposophisch-geisteswissenschaftliche Forschung entwickelt worden. Dieser erschließt sich eine innere *Anschauung* des menschlichen Seelenwesens, deren Ergebnisse zu akzeptieren, überkommene Denkgewohnheiten und Vorurteile heute freilich vielen noch schwer machen. Doch liegt in ihnen die Antwort, wie auf viele andere Rätsel des menschlichen Daseins, so auch auf die Frage nach der Bedeutung des Musikalischen. Wir greifen aus ihrem Inhalt hier nur heraus, was für die in Rede stehende Problematik in Betracht kommt: Es zeigt sich für diese Anschauung, daß das, was wir im eigentlichsten Sinne als das *Leben* der menschlichen Seele zu bezeichnen haben, in einem vielgestaltigen Hin- und Herschwingen derselben besteht zwischen *Hingegebensein an die Welt* und *Bei-sich-selbst-sein*. Doch heben sich drei hauptsächliche Formen desselben heraus, die sich voneinander dadurch unterscheiden, daß sie sich in verschiedenen Schichten und in verschiedenem zeitlichen Tempo vollziehen, — vergleichbar etwa dem verschiedenen Tempo, in welchem auf einer Uhr der Sekunden-, der Minuten- und der Stundenzeiger mit ihren Spitzen das Rund des Zifferblattes umkreisen.

Der kleinste bzw. kürzeste dieser drei Pendelschwünge des Seelenlebens ist derjenige, der im täglichen Rhythmus von *Wachen* und *Schlafen* verläuft. Er gehört im eigentlichsten Sinne der Sphäre des *persönlichen* Lebens an. Im Wachzustand ist die Seele bei sich selbst. Sie weiß darum auch von sich selbst. Im Schlafzustand dagegen ist sie — zufolge den Ergebnissen der angedeuteten Anschauung — so völlig an die Welt hingegeben, daß ihr Wissen von sich selbst erlischt. Allerdings zeigt sich für diese Beobachtung, daß Hingegebensein der Seele an die Welt während des Schlafens gleichbedeutend ist mit ihrem Herausgehobensein aus dem Leibe und ihrem „Ausgegossensein" über eine Welt überphysisch-übersinnlicher Wirklichkeit. Umgekehrt erweist sich ihr Bei-sich-selbst-sein im Wachzustand als identisch mit ihrem „Zusammengezogensein" in ihrer Leiblichkeit. Auf dieser ihrer Leibfreiheit einerseits und ihrer Leibgebundenheit andererseits beruht wesentlich ihre Bewußtlosigkeit im ersteren und ihre Bewußtheit im letzteren Zustand.

Den mittleren der erwähnten Pendelschwünge bildet jener, der sich im Verlaufe des *einzelnen menschlichen Lebens im Ganzen* vollzieht, d. h. in der Aufeinanderfolge von Geburt und Jugend einerseits, von Alter und Tod andererseits. In Geburt und leiblichem Heranwachsen bis zur Lebensmitte hin haben wir es mit Vorgängen zu tun, durch die das Seelische von einem vorgeburtlichen Ausgegossensein über eine Welt überphysisch-geistiger Sphären übergeht zu einem stufenweisen Sichverbinden mit bzw. Sichverkörpern in einem Leibe, der ihm aus der Vererbungsströmung auf Erden zubereitet worden ist. Auch hier sehen wir, wie mit dem Fortgang dieses Prozesses ein stufenweises Zu-sich-selbst-kommen und Ihrer-selbst-bewußtwerden der Seele verbunden ist. Von etwa der Lebensmitte an aber beginnt sie sich, zuerst kaum merklich, vom Leibe loszulösen, um sich im Tode völlig von ihm zu trennen und in die Weiten eines überphysischen Kosmos zurückzukehren. Daß von dieser Phase dann, nach angemessener Zeit, wiederum der Rückschwung erfolgen kann zur Verbindung mit einem neuen Leibe durch eine erneute Geburt, das verdankt die Seele dem ihr innewohnenden Geiste, der den unvergänglichen Kern des Menschen, seine wahre Individualität ausmacht. Er ist es, der in der Wiederholung der menschlichen Erdenleben (Reinkarnation) die Fortsetzung dieser mittleren Pendelbewegung des Seelischen garantiert. Diese gründet daher im eigentlichen Leben der menschlichen *Individualität.*

Der zeitlich langsamste, umfassendste der drei Pendelschwünge des Seelischen endlich ist derjenige, der im *Ganzen der Entwicklung der Menschheit auf der Erde* erfolgt. Er vollzieht sich darum auch nur ein einziges Mal. Er gehört also dem Leben des „Kollektiv-Seelischen" der Menschheit an, im Sinne des von C. G. Jung gebildeten Begriffes desselben. Auch hierbei handelt es sich darum, daß das Menschheitlich-Seelische aus einem ursprünglich schlafhaften Ausgebreitetsein in einer geistig-kosmischen Welt in eine irdische Leiblichkeit überhaupt, die auf vorangehenden Stufen des kosmischen Werdens dazu herangereift ist, einzieht, sie in der Folge urzeitlicher, vorgeschichtlicher und geschichtlicher Epochen immer mehr durchdringt und dabei zu sich selbst kommt. Dieser umfassendste Vorgang der Inkarnation und der Selbstbewußtwerdung kulminiert in unserer geschichtlichen Epoche, wie sie seit dem 15., 16. Jahrhundert heraufgezogen ist. Aber schon setzt in der unmittelbaren Gegenwart, seit dem Beginne unseres Jahrhunderts, der Gegenprozeß in seinem ersten Anfang ein, der das Seelische der Menschheit im Ganzen sich vom Leibe stufenweise wiederloslösen und in die Weiten eines geistigen Kosmos ausdehnen lassen wird. (In der technischen Eroberung des außerirdischen Weltraumes, deren Zeugen wir geworden sind, spielt sich dieser Prozeß nur in seinem materialistischen Zerrbild ab.) In diesem Falle aber — weil es sich hierbei um einen einmaligen Rhythmus handelt — wird das Seelische im Übergang zur Leibfreiheit, das Wissen von sich selbst, das es im Verbundensein mit dem Leibe erworben hat, nicht wieder verlieren, sondern zu seinem Von-sich-selbst-wissen ein wissendes Erleben des geistigen Kosmos hinzuerlangen. Daß dieses möglich wird, ist der geistigen Befruchtung mit der Kraft zu verdanken, die dem Seelischen der irdischen Menschheit durch die Christuserscheinung zuteil geworden ist.

Da diese drei Pendelschwingungen des menschlichen Seelenlebens sich gleichsam auf drei verschiedenen Ebenen, in verschiedenen Schichten desselben abspielen, stören sie einander gegenseitig nicht in ihrem Ablauf, sondern erfahren durch einander nur entsprechende Modifikationen. So widerspricht z. B. die Tatsache, daß das Menschheitlich-Seelische erst im Laufe der vorgeschichtlich-geschichtlichen Entwicklung allmählich in die menschheitliche Leiblichkeit einzieht, keineswegs der anderen, daß das einzelmenschliche Seelische in allen diesen Epochen zwischen Geburt und Tod sich im Leibe verkörpert und aus ihm wieder entkörpert. Nur ist eben dieses Im-Leibe-sein der Einzelseele in älteren Epochen, da das Menschheitlich-Seelische sich erst auf dem Wege zur Inkarnation befindet, noch anders geartet als in unserer Zeit, da auch das letztere das Ziel dieses Weges erreicht hat. Und eine ähnliche Abwandlung könnte auch für den Rhythmus von Schlafen und Wachen in den verschiedenen Epochen der Menschheitsentwicklung nachgewiesen werden. Was haben nun aber, so könnte man fragen, alle die hiermit angedeuteten Lebensvorgänge des einzelmenschlichen und des menschheitlichen Seelischen mit unserem Thema zu tun?

Sie haben dadurch mit ihm zu tun, daß es etwas im menschlichen Leben gibt, worin sie ihren ganz spezifischen Ausdruck finden. Und dieses Etwas ist gerade das *musikalische Erleben und Schaffen*. Wenn die Musik mehr als andere Äußerungen und Betätigungen des Menschen mit Recht als *die* „Sprache der Seele" bezeichnet wird, so deshalb, weil es die im obigen angedeuteten *Lebensvorgänge der Seele* sind, die in ihr ihren schöpferischen Niederschlag erfahren.

Schon allein die Tatsache, daß die Musik die am spezifischsten im Element der *Zeit* webende Kunst ist, beweist diesen Zusammenhang; denn alle die geschilderten Lebensprozesse der Seele vollziehen sich ja in größeren und kleineren zeitlichen Rhythmen und bewirken zusammen eine vielfältige Gliederung des Zeit-Elementes. Einen weiteren Hinweis auf diese Beziehung bildet der unsere ganze Musik durchziehende Gegensatz von *Dur* und *Moll*. Im ersteren gehen wir seelisch aus uns heraus, schließen uns der Welt auf, im letzteren wenden wir uns von dieser ab und unserem eigenen Inneren zu. Mit diesem Gegensatz hängt der weitere zwischen *hohen* und *tiefen* Tönen zusammen: die hohen führen uns aus uns heraus und versetzen uns ins Geistige; die tiefen führen uns in uns hinein und binden uns an das Leibliche. Hierdurch ist es bedingt, daß der Charakter des Dur am reinsten in aufsteigenden, derjenige des Moll dagegen in absteigenden Tonfolgen zum Ausdruck kommt. Des weiteren liegt es hierin begründet, daß — hinsichtlich der in der Menschheitsgeschichte sich vollziehenden Pendelbewegung — in älteren, namentlich in vorchristlichen Zeiten das musikalische Erleben und Gestalten, im Ganzen genommen, überwiegend einen absteigenden, d. h. Mollcharakter getragen, in neuerer, nachchristlichen Zeit dagegen einen vorherrschenden Dur-Charakter angenommen hat.

Durch diese Gegensätze ist schon auf einen dritten hingewiesen: auf den Gegensatz zwischen *großen* und *kleinen Intervallen*. In den ersteren: Quinte, Sexte, Septime, Oktave usw. erleben wir uns — dies ergibt sich aus der geisteswissenschaftlichen Forschung — in verschiedenem Maße aus uns hinaus in die äußere geistige Welt versetzt. In den letzteren: Quarte, Terz, Sekunde und Prim empfinden wir uns in zunehmendem Grade in unserem eigenen leibgebundenen Innern.

Tonsysteme und Bewußtseinsentwicklung

Hat all dies seine Richtigkeit, so ergibt sich dadurch die Möglichkeit, speziell die *Seelenentwicklung der Menschheit*, wie sie in Vorgeschichte und Geschichte verläuft, in ihrem inneren Bewegungsrhythmus *auf musikalische Weise* zu charakterisieren. Denn wenn in den großen Intervallen das leibfreie Hingegebensein der Seele an die geistige Welt seinen musikalischen Ausdruck findet, in den kleinen dagegen ihr leibgebundenes In-sich-selbst-sein, dann darf angenommen werden, daß in relativ älteren Zeiten der Menschheitsentwicklung, da die Seele erst auf dem Wege zur Verkörperung im Leibe befand, das musikalische Erleben seinen Schwerpunkt noch in den größeren Intervallen gehabt, dagegen in relativ neueren Epochen, da das Menschheitlich-Seelische immer inniger sich mit dem Leibe verband, dieser Schwerpunkt sich in die kleineren Intervalle verlagert hat. Eben dies stellt sich für die geisteswissenschaftliche Forschung in der Tat als Ergebnis ihrer Untersuchungen heraus. Ja, sie findet sogar, daß in der Folge der verschiedenen vorgeschichtlichen und geschichtlichen Epochen der Menschheitsentwicklung das musikalische Erleben in streng gesetzmäßigen Schritten sozusagen durch die verschiedenen Intervalle in der Richtung von den größeren zu den kleineren hindurchgewandert ist. In zwei Vorträgen über „*Das Tonerlebnis des Menschen*" (Stuttgart 7. u. 8. März 1923) hat Rudolf Steiner dies im genaueren dargestellt. Diese Darstellung liegt unseren nachfolgenden Ausführungen über den Wandel der Tonsysteme zugrunde. Es erscheint nämlich berechtigt anzunehmen, daß, wenn in den verschiedenen Zeitaltern das musikalische Erleben und Schaffen in seiner Gesamtheit durch das Vorherrschen verschiedener, ganz bestimmter Intervall-Empfindungen geprägt war, diese Prägung auch die Gestaltung der *Tonsysteme* bestimmt habe, in denen es sich in den betreffenden Epochen bewegt hat. Bestätigt sich diese Annahme, dann haben wir mit ihr den

Schlüssel gefunden, mit dem wir uns das Verständnis für Entstehung und Wandel der verschiedenen Tonsysteme, die im Laufe der Geschichte aufgetreten sind, *aus dem Wesen des Musikalischen selbst* aufschließen können. Daß wir es da mit einem Problem zu tun haben, das unter den Rätselfragen, welche die Musik uns aufgibt, eine zentrale Stellung einnimmt, aber zugleich auch für die musikwissenschaftliche Forschung bisher ein unauflösbares Geheimnis geblieben ist, mögen die Sätze beweisen, die *Robert Lach* in Adlers „Handbuch der Musikgeschichte" (S. 8) hierüber geschrieben hat: „Wie gelangt der Menschengeist dazu, in verschiedenen Ländern zu verschiedenen Zeiten, bei verschiedenen Völkern und Rassen, seine musikalischen Gebilde, das ist die Aufeinanderfolge der Tonstufen nach gewissen verschiedenen Tonstufenschablonen, nach sozusagen tonalen Kristallisationssystemen aufzubauen, die so grundsätzlich voneinander verschieden sind, wie dies die verschiedenen Skalen und Tonsysteme aufzeigen? Die Lösung dieses Problems, eines der kompliziertesten Probleme, ja vielleicht des Haupt- und Grundproblems der Musikwissenschaft, ist um so komplizierter und schwieriger, da diese Frage ebenso eine Frage der Psychologie, Ethnologie und Soziologie als der vergleichenden Musikwissenschaft ist."

Wir hoffen, zeigen zu können, daß von den erwähnten Ergebnissen der geisteswissenschaftlichen Forschung her nicht bloß Aufbau und Wandel der in der Vergangenheit aufgetretenen Tonsysteme durchsichtig wird, sondern auch hinsichtlich ihrer Um- und Fortbildung in die Zukunft hinein grundlegende Ausblicke sich eröffnen.

Urzeit

Ausgegangen sei von einer Tatsache, mit deren Feststellung wir allerdings eines der Ergebnisse vorausnehmen, die aus unseren Ausführungen erst resultieren werden. Sie kann daher hier nur erst als Behauptung stehen. Da jedoch die Erkenntnisse, die wir darzustellen haben, alle sich gegenseitig stützen und tragen, so brauchen wir eben, was selber erst am Ende in seiner eigentlichen Bedeutung begreiflich sein wird, schon am Beginne, um damit das Nächstfolgende verständlich zu machen. Dies ist die Tatsache, daß die *Oktave*, gleichgültig, ob wir sie in die Siebenheit der diatonischen oder in die Zwölfheit der chromatischen Tonleiter gliedern, innerhalb des Musikalischen die *menschliche Wesenheit* selber, nach ihrem gesamten Umfang von ihren niedersten bis zu ihren höchsten, bzw. von ihren äußerlichsten bis zu ihren innerlichsten Wesensprinzipien repräsentiert.

Erst von dieser Tatsache her wird nämlich verständlich, was sich der geisteswissenschaftlichen Forschung über die Beschaffenheit des allerältesten musikalischen Erlebens der Menschheit ergibt. Wir müssen dies bereits in eine sehr frühe Zeit ansetzen, nämlich in jene Epoche des Erden- und

Menschenwerdens, welche die Geisteswissenschaft als die *lemurische* bezeichnet. (Sie entspricht der Tertiärperiode der Geologie.) Denn damals schon vollzog sich die eigentliche Menschwerdung des Menschen in dem Sinne, daß einzelne menschliche Seelen in irdischen Leibern sich zu verkörpern begannen. Das Menschheitlich-Seelische ruhte freilich damals gleichsam noch ungeboren im Schoße der geistigen Welt. Die Musik aber ist die älteste aller Künste. Sie trat schon gegen das Ende jenes Zeitalters auf, und zwar in Form eines noch wortlosen „Urgesangs“. Denn die menschliche Sprache war damals noch nicht zur Ausbildung gelangt. Das musikalische Erleben, das in jenem Urgesange sich kundgab, kennzeichnet Rudolf Steiner (a.a.O.) dadurch, daß es bestimmt gewesen sei durch die Empfindung von Intervallen, die größer sind als die Oktave: von *Nonen*. „Es erlebte der Mensch die Sekunde der nächsten Oktave und die Terz der zweitnächsten Oktave. Er erlebte eine Art objektiver Terz, und da auch wiederum die zwei Terzen, nämlich die große und die kleine Terz, nur daß dieses, was er da erlebte, natürlich in unserem Sinne keine Terz ist.“ Nach dem, was wir soeben über die Oktave sagten, muß unmittelbar einleuchten, daß in dieser „lemurischen“ Musik sich noch nicht ein Menschliches aussprechen konnte, sondern nur ein schlechthin *Übermenschliches*, Göttliches. Diejenigen, die den damaligen Urgesang ertönen ließen oder hörten, wurden durch ihn in die geistig-kosmische Welt unter die Götter entrückt und vernahmen, was diese gewissermaßen als *ihre Angelegenheiten* untereinander mitteilten. Die Menschen sangen in jenem Urgesang noch nicht eigentlich selber in dem Sinne, daß sie in ihm etwas Eigenes, Selbsterfühltes geäußert hätten, sondern er war nur im Menschen widerhallendes Echo jener übersinnlichen Musik, die in den geistigen Welten ertönte, indem die Götter ihre Freuden und Leiden in Jubelklängen oder Klagegesängen einander offenbarten. „Was wir heute als innerliches Dur-Erlebnis charakterisieren müßten, nahm der lemurische Mensch in der Entrückung von seinem Leibe draußen als die kosmische Jubelmusik der Götter wie den Ausdruck der Freude über ihr Weltschaffen wahr. Und was wir heute als innerliche Moll-Erlebnisse haben, nahm er als die ungeheure Klage der Götter wahr über die Möglichkeit, daß die Menschen verfallen können in das, was dann in der Biblischen Geschichte als der Sündenfall, als der Abfall von den guten göttlich-geistigen Mächten geschildert worden ist.“ (R. Steiner)

Vorgeschichte

In den Bereich des *Menschen* treten wir innerhalb des Musikalischen erst ein mit jener vorgeschichtlichen Epoche, die von der Geisteswissenschaft als die *atlantische* bezeichnet wird und die etwa der voreiszeitlichen Altsteinzeit zuzuordnen ist. Die für sie charakteristische Intervallempfindung war diejenige der *Septime*. „Wenn Sie zurückgehen würden in die atlantische Zeit, so würden Sie finden, daß man dort — es schaut sehr wenig dem, was heute Musik ist, ähnlich — eigentlich alles in fortlaufenden Septimen abgestimmt hat." (R. Steiner.) Mit der Septime wurde bereits die Schwelle in den Oktavenraum herein überschritten; trotzdem aber bedeutet auch sie noch ein außerhalb des Leibes vor sich gehendes rein übersinnliches Erleben, und zwar ein solches von *intuitivem* Charakter in dem Sinne, in dem diese Bezeichnung innerhalb der Geisteswissenschaft verstanden wird. In dieser Bedeutung ist mit Intuition jenes geistige Erleben gemeint, das den höchsten bzw. innersten Wesenskräften des Menschen entspringt. Er erfaßt daher durch sie sich selbst in diesen Kräften und die Welt, insofern er mit ihr durch diese verwandt ist. Nun darf sich ja die Menschheit ihrem innersten, höchsten Wesen nach als götterentstammt und götterverwandt betrachten, und es war dieses ihr Wesen — als menschheitliches — in jener Zeit noch nicht in ihre irdische Leiblichkeit eingezogen, sondern keimte erst — wenn der Ausdruck erlaubt ist —: zwar schon gezeugt, aber noch nicht geboren, im Schoße der göttlich-geistigen Welt noch heran. In seinem musikalischen Erleben, das einer instinktiven Intuition gleichkam, wurde daher auch der Atlantier noch in die geistige Welt entrückt, aber nicht mehr unmittelbar unter die Götter als solche (wie der Lemurier), sondern zu dem göttlich-geistigen Kern seines *eigenen* Wesens. Da dieser aber eben noch von der Mutterhülle der geistigen Welt umschlossen war, so fand auch er sich in einem weiteren Sinne als musikalisch Erlebender noch im Reiche der Götter. Nun kam durch eben diese Verhältnisse während der Atlantis die menschliche Sprache zur Ausbildung, und daher verwandelte sich das Musikalische auf dem physischen Plan aus dem wortlosen Urgesang der lemurischen Zeit jetzt in einen *Sprechgesang*, dessen melische Bewegung aus den atlantischen Orakelstätten heraus streng geregelt wurde. [1])

Die Septime bleibt die das musikalische Erleben bestimmende Intervallempfindung auch noch für die erste Zeit der nachatlantisch-nacheiszeitlichen Entwicklung. Doch vollzieht sich im Verlaufe derselben allmählich der Fortgang über die Sexte zur Quinte hin. Wir dürfen als den Zeitraum, innerhalb dessen diese Wandlung eintritt, wohl jenen betrachten, der ausgefüllt wird durch die beiden ersten nachatlantischen Kulturen, die von der Geistesforschung als die *urindische* und die *urpersische* beschrieben werden. Sie erstrecken sich etwa vom 8. bis ins 4. vorchristliche Jahrtausend, entsprechen also für den Orient etwa der Mittel- und Jungsteinzeit. Mit der *Sexte* wird das Musikalische bereits in der Sphäre erlebt, welche die Geisteswissenschaft als diejenige der *Inspiration* bezeichnet, d. h. zwar auch noch in der göttlich-geistigen Welt, aber nicht mehr im Zusammenhang mit den höchsten ihrer Wesenheiten, wie das noch beim intuitiven oder Septimen-Erleben der Fall war, sondern im Bereiche einer niedrigeren Rangordnung von Göttern. Daß dieser Abstieg im Verlaufe der urindischen und namentlich der urpersischen Kultur erfolgt, muß begreiflich erscheinen. Denn was mit dem allmählich aus den Höhen der Gotteswelt herabströmenden Musikalischen eigentlich erlebt wird, ist ja — wie wir soeben bei der Schilderung der atlantischen Musik erwähnten — der geistig-seelische Wesenskern der Menschheit selbst. Dieser darf als ein Extrakt der ganzen geistigen Welt angesehen werden, wurde er doch auch seit jeher als „Mikrokosmos", d. h. die Welt im Kleinen, bezeichnet. Und er ist es eben, der während der atlantischen Zeit noch im Schoße des Göttlichen geruht hatte, nun aber im Verlaufe der nachatlantischen Entwicklung den Weg durch die Sphären der hierarchischen Wesen hinunter bis in die Welt der irdischen Leiblichkeit antrat. Auf diesem Wege durchwandert er nun aber zunächst eine Strecke, die ihn in ausgesprochenerem Maße in das Erleben des außerirdischen Kosmos hinausführt, als dieses am Anfange vorhanden war. Denn während die höchsten Wesenheiten der geistigen Welt, die wir uns im Bilde Gottvaters versinnlichen können, in gleichmäßiger Art das himmlische *und* das irdische Sein umfassen, ist das spezifische Herrschaftsgebiet der nächstniederen Hierarchie der *außerirdische,* namentlich der *planetarische Kosmos.* Diese Welt der Sternengötter wird nun vor allem während der urpersischen Zeit von dem geistigen Wesen der Menschheit auf seinem Weg in die irdische Leiblichkeit hinein durchschritten. Ihren allgemeinsten Ausdruck findet diese Tatsache in der Entstehung der grandiosen persischen Kosmosophie, im besonderen auch der Ormuzd-Sonnenreligion, die ja auf den Ur-Zarathustra jener Zeit zurückgehen. Innerhalb des Musikalischen zeigt sie sich darin, daß das Sextenerleben, obwohl es im oben angedeuteten Sinne einen Abstieg gegenüber der Septimzeit bedeutet, eine entschiedenere — wenn man will: einseitigere — Hinwendung zur himmlisch-geistigen Hierarchienwelt mit sich bringt, als sie vorher bestanden hatte. In welcher Gestalt das Musikalische damals innerhalb der physischen Welt auftrat, davon besitzen wir freilich keine äußere Kunde. Denn wie für alle anderen Gebiete des Lebens, so haben sich auch in bezug auf das Musikalische aus den beiden ersten nachatlantischen Kulturen unmittelbar keine Überlieferungen erhalten. Nicht nur Lemurien und Atlantis, sondern auch diese zwei ersten Epochen der nachatlantischen Zeit, wie sie die Geisteswissenschaft beschreibt, sind in ihrer Urgestalt heute nurmehr für die okkulte Forschung auffindbar. Was aus Indien und Persien uns an ältesten Kulturdenkmälern überkommen ist, gehört bereits viel späteren Zeiten an und enthält Errungenschaften jüngerer Bewußtseinsformen mit solchen älterer Stufen vermischt in sich. Wir dürfen jedoch annehmen, daß, wenn in der Atlantis, trotz des hochgeistig-übersinnlichen Charakters, den das musikalische Erleben damals trug, dieses in dem Sprechgesang eine gewisse physische Offenbarung dennoch erlangt hatte, nun mit der stärkeren Hinwendung zur außerirdischen Geistwelt diese Offenbarung wieder eine *geringere* wird. Es wird das Musikalische gewissermaßen wieder weitgehend von der Erde hinweggehoben und verschmilzt völlig mit dem Erleben der Sternengötterwelten. Es ist dadurch die Sextenzeit als Epoche eines innerhalb des Physischen zur Ausbildung kommenden besonderen musikalischen Stiles kaum faßbar. Sie erscheint vielmehr bloß als eine Übergangsphase zwischen den beiden an sie angrenzenden Epochen der Septimen- und der Quintenempfindung, — eine Übergangsphase, die das, was für sie selbst in musikalischer Hinsicht charakteristisch ist, auf dem physischen Plan nicht zu einer deutlichen Ausprägung bringt. (Eine ähnliche Zwischenphase trat uns bereits beim ersten Durchschreiten des Oktavintervalls entgegen und wird sich uns nochmals beim Quartenerlebnis zeigen.) Wir dürfen also annehmen, daß die Anzahl der Töne, die in der Sextenzeit durch die menschliche Stimme oder durch Instrumente physisch zum Erklingen gebracht wurden, nur eine geringe gewesen ist. [2]) Ein Tonleitergebilde konnte höchstens in sehr fragmentarischer Form vorhanden sein und als solches — aus später anzugebenden Gründen — noch kaum erlebt werden. Die wenigen Töne, über die man im Physischen verfügte, lösten im Menschen unmittelbar das übersinnliche Erleben der außerirdischen Welt und ihrer Wesenheiten aus. Diese Gleichartigkeit, ja Identität des Musikalischen mit dem geistigen Erleben, wie sich dieses damals für die Menschheit gestaltet hatte, erscheint auch von der Seite des letzteren her als durchaus einleuchtend: denn es wurde von uns ja namentlich für die urpersische Epoche als wesentlich inspirativ geartetes gekennzeichnet. Nun ist aber unter den verschiedenen Formen des übersinnlichen Erlebens gerade der Inspiration als spezifischer Wesenszug der musikalische Charakter eigentümlich. Wird doch auch ihr Inhalt, den, wie wir sahen, vornehmlich das Erleben der außerirdisch-planetarischen Welt bildet, seit alters her bezeichnenderweise als die *„Harmonie der Sternensphären"* geschildert. Dieser Sphärenmusik dürfte somit in einem besonderen Sinne das Sextenintervall zugeordnet werden. [3]) Und die Herrschaft der Sextenempfindung während der altorientalischen Kulturen bedeutete mithin ebenso viel, wie daß die Menschheit damals ein wesentlich musikalisch geartetes, durch musikalische Begriffe ausdrückbares geistiges Erleben besaß bzw. in ihrer Seele ganz besonders demjenigen Teile des gesamten Weltinhalts aufgeschlossen war, der sich durch die Harmonie der Sternensphären offenbart.

In den Eingangsversen des „Prologs im Himmel" von Goethes „Faust" hätte die damalige Menschheit ihr Erleben zum Ausdruck bringen können:

> „Die Sonne tönt nach alter Weise
> In Brudersphären Wettgesang,
> Und ihre vorgeschriebne Reise
> Vollendet sie mit Donnergang.
> Ihr Anblick gibt den Engeln Stärke,
> Wenn keiner sie ergründen mag;
> Die unbegreiflich hohen Werke
> Sind herrlich wie am ersten Tag."

Daß in der Septimen- und Sextenzeit das musikalische Erleben über die sinnliche Welt hinausreicht bzw. identisch ist mit dem damals noch vorhandenen übersinnlichen Erleben überhaupt, kann übrigens auch von der Seite her begriffen werden, daß, wenn man die 12 Töne, welche die Grundlage des Musikalischen bilden, in diesen Intervallen aufeinanderfolgen läßt, man über den Umfang von 7 Oktaven hinauskommt, mit welchem annähernd der Bereich der durch sinnliches Hören unterscheidbaren Töne begrenzt ist.

Erste geschichtliche Hochkulturen

In den Bereich des sinnlich Hörbaren läßt sich das Musikalische erst einschließen mit dem Heraufkommen der Herrschaft der nächstzuschildernden Intervallempfindung: der *Quintenempfindung.* Diese gibt Rudolf Steiner als das maßgebende Erleben für einen weiteren, jedoch in der Hauptsache noch vor der Griechenzeit liegenden Abschnitt der musikalischen Entwicklung an. Wir dürfen wohl diesen Zeitraum im wesentlichen gleichsetzen mit der dritten nachatlantischen Kulturepoche, wie sie vor allem in *Ägypten* und *Vorderasien,* aber auch im fernen Osten (China) geblüht und von diesen Zentren aus ihre Impulse damals über die übrige Welt ausgestrahlt hat. Es stellt sich dann wieder eine genaue Übereinstimmung her zwischen dem Charakter, den das menschliche Bewußtsein im allgemeinen in dieser Zeit aufwies, und dem Gepräge, welches das musikalische Erleben während derselben trug. Das Erlebnis der Quinte ist ein solches der *Imagination.* Aus instinktiver Imagination ist aber auch aller übrige Kulturinhalt der ägyptisch-chaldäischen Zeit hervorgegangen. Was ist das Wesen der Imagination? Ihre Bezeichnung weist schon auf ihren bildhaften Charakter hin. Bilder werden in ihr in der Tat geschaut. Sie werden aber, obzwar sie sich aus Elementen der Sinneswelt zusammensetzen, nicht rein sinnlich, sondern als Ausdruck, als Offenbarung übersinnlicher Wesenheiten und Tatsachen erlebt. Man kann daher die Imagination am treffendsten als ein sinnbildliches oder als ein sinnlich-übersinnliches Erleben kennzeichnen. So erschließen sich dem Angehörigen der ägyptisch-chaldäischen Kultur die Tatsachen der geistigen Welt nicht mehr unmittelbar als solche; aber er entwickelt seine Weltvorstellungen auch noch nicht in Form von abstrakten philosophischen Begriffen, sondern in Gestalt von mythologischen Bildern. Nicht mehr offenbart sich ihm der Himmel in rein übersinnlichem Erleben als ein Reich geistiger Wesenheiten, aber er stellt sich auch noch nicht seinem sinnlichen Auge als bloße Welt von leuchtenden Punkten dar, sondern er erscheint seinem imaginativen Blicke als ein Teppich menschlichtierischer Gebilde, durch welche sich differenzierte geistige Wirkungen kundgeben. Er liest diese Wirkungen gleichsam in der Himmelsschrift der

Sternbilder des Tierkreises, von dem uns ja gerade aus Ägypten und Babylon die ältesten Darstellungen überkommen sind. Und er sucht sich in sie, die im Kreislauf der Jahreszeiten in stetiger Wiederkehr der Reihe nach in Erscheinung treten, durch großartige und mannigfache Jahreszeiten-Festkulte einzuschalten. Diese Wirkungen machen die auf- und absteigenden Prozesse des *Lebens* aus, das zwischen der Erde und ihrem kosmischen Umkreis waltet.

Wir erwähnten nun oben, daß das musikalische Erleben auf der Stufe der Quintenempfindung sich in den Bereich des sinnlich Hörbaren einschließen lasse. Denn in Quintenfolgen angeordnet erstrecken sich die 12 Töne gerade über 7 Oktaven, welche diesen Bereich ausfüllen. Und der Angehörige jener Kulturepoche erlebte, nach der Angabe Rudolf Steiners, die Zwölfheit der Töne in dieser Quintenanordnung. „Nehmen wir die sieben Skalen, von den Kontrabässen bis hinauf zu den viermal gestrichenen Tönen, nehmen wir also sieben Skalen und bedenken wir, daß innerhalb dieser sieben Skalen die Quinte zwölfmal möglich ist. Wir haben also gewissermaßen in der Aufeinanderfolge der sieben musikalischen Skalen verborgen noch einmal eine zwölfgliedrige Skala mit dem Quintenintervall. Was bedeutet das eigentlich im Zusammenhang des ganzen musikalischen Erlebens? Das bedeutet, daß innerhalb des Quintenerlebnisses der Mensch mit seinem Ich noch außerhalb seiner physischen Organisation in Bewegung ist. Er schreitet gewissermaßen die sieben Skalen in 12 Schritten ab" (R. Steiner). Nun repräsentieren aber die Töne, in diesen Abständen angeordnet — wenn sie eben nicht *bloß* sinnlich, sondern *sinnbildlich*-imaginativ erlebt werden — gerade jene zwölf Wirkungen, durch welche im Jahresablauf das Weltleben im Auf- und Absteigen hindurchschreitet, und deren Folge sich auch im Hindurchwandern der Sonne durch die zwölf Tierkreisbilder abzeichnet. Denn wir haben, wenn wir die Tonreihe so aufschreiben, wie sie sich naturgemäß ergibt, wenn wir nach der Tiefe die erniedrigten, nach der Höhe die erhöhten Töne ansetzen:

As Es B | F c g | d′ | a′ e″ h″ | fis‴ cis⁗ gis⁗,

in den mittleren, d. h. den Tönen der diatonischen Reihe: F bis h" die Repräsentanten der hellen, warmen Jahreszeit (Jahresmitte), in welcher alle die im Lebendigen veranlagten Möglichkeiten in sinnlicher Sichtbarkeit erscheinen, in den nach links (unten) sich anschließenden erniedrigten und den nach rechts (oben) sich anschließenden erhöhten Tönen dagegen diejenigen der dunklen, kalten Hälfte des Jahres (seines Anfanges und seines Endes), in welcher das Leben ins Unsichtbare verschwindet bzw. aus diesem allmählich wieder hervortritt. Die Töne in dem, was ihre Quintenordnung ausspricht, erleben, bedeutet daher, sie als Ausdruck des kosmisch-irdischen Lebens empfinden, wie es im Jahreslauf des Erdwesens auf- und absteigt. Denn ihre Quintenfolge ist das Schriftzeichen, durch welches die Lebensprozesse des Universums sich tönend offenbaren. Und das Organ, mit welchem diese Schrift entziffert wird, ist eben die Imagination. Damit erscheint der Zusammenhang aufgewiesen zwischen den Fähigkeiten der Quintenempfindung, der Imagination, der Wahrnehmung des Lebens der Welt, wie sie für die ägyptisch-babylonische Kulturepoche charakteristisch waren.

Nun ist ja diese Epoche die erste, aus der uns äußere Überlieferungen erhalten sind; auch, was von anderen, namentlich östlicheren Völkern an ältesten Denkmälern auf uns gekommen ist, reicht nicht hinter diese Zeit zurück und enthält daher, wenn es auch durch andere Momente auf noch ältere Vergangenheiten zurückweisen mag, zugleich die Eigentümlichkeiten dieser Zeit in sich. Und so stoßen wir, wie für alle übrigen Lebensgebiete, so auch für dasjenige der Musik, in dieser dritten nachatlantischen Epoche auf die erste äußere Kunde. Damit aber erhebt sich die Frage: Bestätigt sich das Quintenerleben, wie wir es oben geschildert haben, durch die Gestalt, die damals das Musikalische auf dem physischen Plan hatte? Oder anders gewendet: Läßt sich die damalige Gestalt des Musikalischen aus dem Quintenerleben heraus, wie wir es charakterisiert haben, verstehen und begründen?

Dies ist nun durchaus der Fall. Zwar wissen wir über die Musik gerade der alten Ägypter außerordentlich wenig. Jedoch sind uns von vielen anderen Völkern, welche dieselbe Entwicklungsstufe repräsentieren oder festgehalten haben, Überlieferungen erhalten, die uns zu der Auffassung berechtigen, daß das musikalische Erleben jener Epoche ganz in dem von uns gekennzeichneten Sinne auf die *Quintenordnung* der Töne gestimmt war. So ist uns z. B. als das Tonsystem des alten China die sog. *Lu-Skala* überliefert, d. i. eine Zwölferfolge von Tönen, die durch fortlaufende Quintenabstände gewonnen wurde. Freilich wurde sie dann für das praktische Musizieren in engere Lagen zusammengeschoben. Man muß sie sich aber zugleich als einen Tonkreis vorstellen (siehe untenstehende Figur), da jeder der 12 Lu einem Monat bzw. einem Sternbild des Tierkreises in dem Sinn zugeordnet wurde, daß während des betreffenden Monats nur in der von ihm ausgehenden (Fünfton-)Leiter musiziert werden durfte. Musiksystem und Kalenderordnung standen im alten China in innigstem Zusammenhang miteinander. Die Einführung von beiden wurde einem seiner mythischen Urherrscher, dem „gelben" Kaiser Hoang-ti, zugeschrieben.

Für eine an dem modernen (seit dem Griechentum entwickelten) Tonsystem herangebildete Auffassung entsteht gegenüber diesem Quintensystem leicht eine Schwierigkeit. Diese liegt in der Meinung begründet, daß es doch eigentlich nur 7 Grundtöne — eben die der diatonischen Reihe — gebe, und daß die anderen — wie ja auch ihre Bezeichnungen erweisen — von jenen (durch Erhöhungen und Erniedrigungen) abgeleitete Tonstufen seien. Auf einer anderen Ebene der Betrachtung verliert jedoch diese Meinung ihre Gültigkeit. Wenn auch die *Bezeichnungen* der sog. „erhöhten" und

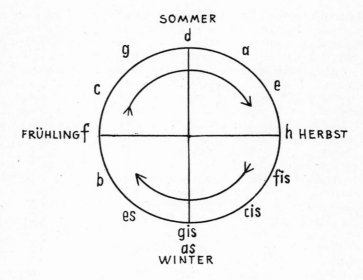

SOMMER

FRÜHLING   HERBST

WINTER

„erniedrigten" Töne auf diejenigen der diatonischen hindeuten, so erweisen sich hier die dadurch bezeichneten *Stufen* doch als durchaus selbständige. Nur liegen sie eben auf der dunklen, verborgenen Hälfte des Lebenskreislaufes und werden nach gewissen Beziehungen, die sie zu denen der hellen, offenbaren Hälfte haben, benannt. Sie als bloß abgeleitete gelten lassen, wäre gerade so, wie wenn man vom Jahreskreislauf des Erdlebens nur diejenige Phase als real anerkennen wollte, die er zwischen Frühling und Herbst durchmißt, nicht aber jene, die sich vom Herbst bis zum Frühling erstreckt. Beide Phasen zusammen machen erst seine Totalität aus. Die eine, die sommerliche, steht im Zeichen der Evolution, der Steigerung, der Veräußerlichung des Lebens, die andere, winterliche, in demjenigen seiner Involution, seiner Abdämpfung und Verinnerlichung. Und die Jahreswende im Tiefwinter ist die Zeit ebenso des Rückblickes auf das vergangene wie des Vorblickes auf das kommende Jahr. In analogem Sinn erscheint innerhalb der Quintenskala bzw. auf dem Tonkreis, wie wir ihn oben gezeichnet haben, auf der oberen Kreishälfte nach rechts hin die Tendenz zur Steigerung, Erhöhung, auf der unteren nach links hin diejenige zur Minderung, Erniedrigung. Der tiefste Punkt des Kreises als derjenige, von dem es in beiden Richtungen gleichweit bis zur oberen, lichten Hälfte des Kreises ist, hat darum von beiden Seiten her seinen Namen empfangen und erscheint in zweifacher Gestalt d. h. Höhenfestsetzung, je nachdem, ob er als Anfangs- oder als Endpunkt des Kreises aufgefaßt wird. (Denn der Endpunkt des 12. Quintenschrittes stimmt nicht genau mit dem Ausgangspunkt des 1. überein.)

Man kann die zwölf Töne übrigens auch auf einer Lemniskate auftragen (siehe Zeichnung). Dann tritt deutlich der Unterschied hervor zwischen ihrer Quintenfolge und einem anderen Prinzip ihrer Anordnung, über das wir später, bei der Betrachtung der griechischen Musik, sprechen werden, und in dem eigentlich die oben erwähnte Schwierigkeit im Verständnis des alten Quintensystems wurzelt: der „Tonleiter" im strengen Sinne des Wortes. Geht man nämlich von irgend einem Ton, z. B. vom c aus und schreitet zu dem auf der Lemniskate jeweils nächstliegenden weiter, so entsteht die Quintenreihe, die einen durch alle 12 Töne hindurch bis wieder zum Ausgangspunkte zurückführt. Überspringt man dagegen, vom selben Ausgangston c anfangend, jeweils einen Ton, so entsteht die diatonische Skala, die auch wieder zum c zurückführt, aber ohne die untere Hälfte der Figur zu berühren. Es handelt sich bei diesen beiden Tonfolgen um zwei zwar gleichberechtigte, aber völlig verschiedene, gewissermaßen verschiedenen Ebenen angehörige Arten der Ordnung der Töne. Im ersteren Falle erscheinen diese als die Repräsentanten der Tierkreiskräfte, im letzteren — wie wir sehen werden — als diejenigen der Planeten und damit der verschiedenen Intervalle.

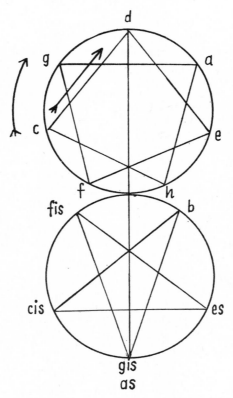

In unserem heutigen temperierten System erscheinen nun freilich alle fünf Töne des unteren Kreises dieser Zeichnung in doppelter Benennung: fis-ges, b-ais, cis-des, es-dis, gis-as, bilden aber je nur einen einzigen Ton, d. h. können enharmonisch verwechselt werden. In der älteren, reinen bzw. Quintenstimmung jedoch bestand die Möglichkeit enharmonischer Verwechslung noch nicht, da sie nur diejenigen eindeutigen Erhöhungen und Erniedrigungen kannte, die auf unserm Tonkreis verzeichnet sind. Und gis-as waren, wenn sie auch innerhalb des ganzen Gefüges des Tonkreises in gewissem Sinne einen einzigen Ton repräsentierten, in ihrer Höhe, wie schon erwähnt, durchaus voneinander verschieden.

In dieser Gestalt aber bestand das Quintensystem nicht nur im alten China, sondern auch durch die ganze abendländische Musikentwicklung hindurch bis ins 16. Jahrhundert. Noch Palestrina hat in der Richtung der Erniedrigungen als äußerste die Es-dur (bzw. c-moll-) Tonart verwendet (die bis zum as gehen), in der Richtung der Erhöhungen als äußerste die A-dur- (bzw. fis-moll-) Tonart (die bis zum gis gehen). Erst mit dem Aufkommen der Chromatik durch die venezianische Schule des 16. Jahrhunderts ist — wie wir später zu schildern haben werden — diese Grenze des „gis-as" nach beiden Richtungen hin überschritten und die Zahl der Erhöhungen bzw. Erniedrigungen vergrößert worden. Dadurch entstand zunächst, solange man weiter an der Quintenstimmung festhielt, eine größere Zahl von doppelten Tonhöhen. Und erst die im 17. ·Jahrhundert eingeführte temperierte Stimmung hat schließlich den Unterschied zwischen Erhöhungen und Erniedrigungen ausgeglichen.

Wir haben durch die letzten Bemerkungen unseren späteren Ausführungen einigermaßen vorgegriffen. Doch ging aus ihnen hervor, wie lange das einstige Quintenerleben, insofern es im Quintensystem der Töne zum Ausdrucke kam, selbst in unserer europäischen Musikentwicklung nachgewirkt hat. Ja, wir leben sogar heute noch in vielen Hinsichten vom Erbe jener Epoche. Wenn auch die Quintenstimmung der Töne abgeschafft ist, so erinnert uns doch der Quintenzirkel der Tonarten noch immer an die Quintenverwandtschaft der Töne. Eine weitere Reminiszenz an das alte Quintensystem hat sich in den Quintenabständen der Saiten unserer Streichinstrumente erhalten. Auch eine solche Regel wie die vom Einsetzen des zweiten Themas in der Quinte bzw. Dominanttonart zur Tonart des ersten Themas im Sonatensatz geht letzten Endes auf die alte Quintenempfindung zurück.

Nun ist aber der Quintenkreis der Töne nur das eine, worin sich das Quintenerleben der dritten nachatlantischen Kulturepoche dokumentiert hat. Das andere ist die Herrschaft der *Fünftonleiter* (Pentatonik), die für jene Zeit bezeichnend ist, und die sich bei Völkern, welche die innere Entwicklungsphase nicht mitgemacht haben, die das Griechentum innerhalb der Menschheit bedeutet, bis auf den heutigen Tag erhalten hat: so in Asien eben bei den Chinesen, in Amerika bei den Azteken, in Afrika bei den späteren Ägyptern, in Europa bei den keltischen Völkern (Schottland, Irland) und den Ungarn (Siebenbürgen). Es wurden nämlich in der Praxis des Musizierens nicht alle zwölf Töne des Systems verwendet, sondern nur deren fünf. Und zwar im allgemeinen die Töne *d e g a h*, im chinesischen auch die Folge *c d f g a*. Damit ist schon gesagt, daß diese „Fünftonleiter" noch nicht als „Leiter" im späteren, strengen Sinne, sondern höchstens als das Vorstadium einer solchen betrachtet werden kann. Denn es wurde ja eben der Schritt vom d zum e bzw. vom e zum g nicht dadurch gefunden, daß zunächst eine Sekunde, dann eine Terz gebildet worden wäre, sondern es handelt sich, wie gesagt, bei dieser Reihe (und zwar in beiden Folgen, die wir erwähnten) um fünf zusammenhängende Stufen der Quintenskala, die nur nachträglich in eine Oktave zusammengeschoben wurden. Die Lükken, welche die Fünftonleiter für unser Empfinden aufweist, entstehen daher erst durch die Zusammendrängung in den Oktavenraum, sind aber in dem betreffenden Ausschnitt aus der Quintenskala, der in ihr eigentlich vorliegt, selber gar nicht vorhanden. Und da die Töne dieser „Leiter" ursprünglich gar nicht innerhalb der Oktavsphäre gebildet, sondern erst nachträglich zum praktischen Gebrauch (und zwar, wie wir gleich sehen werden, in den verschiedensten Reihenfolgen) in diese hineingeschoben wurden, so wurden „Lücken" zwischen ihnen auch gar nicht empfunden. Man erlebte sie eben als ein bestimmtes, in sich zusammenhängendes, geschlossenes Stück aus der Quintenfolge der Töne, d. h. man erlebte als das einzige zwischen ihnen waltende Intervall die Quinte, und nach diesem ihrem Zusammenhang wurde ja auch, wie schon erwähnt, auf den Musikinstrumenten ihre Höhe festgesetzt.

Daß nun aus der Zwölfheit der Quinten gerade diese fünf durch ihre Verwendung in der „Tonleiter" in besonderem Maße zur Inkarnation kamen, darf uns nicht wundern. Liegen sie doch im Tonkreis auf dem oberen Bogen, auf der hellen, offenbaren Seite, in der Phase des sinnlichen Erscheinens (des Sommers im Jahreslauf, des Erdendaseins im Menschenlebenskreislauf). Und es setzt eben, nachdem früher, ganz besonders aber in der unmittelbar vorangegangenen Epoche, das Musikalische noch fast ganz im Übersinnlichen erlebt worden war, mit dieser Quintenzeit jetzt ein entschiedener Inkarnationsprozeß des Musikalischen ein, dessen weiteres Fortschreiten wir durch die abendländische Entwicklung hindurch zu verfolgen haben werden. Fünf von den zwölf Tönen sind nun schon zu voller Versinnlichung gekommen. Daß es als erste jene sind, die auf der Seite des Physisch-Sinnlichen in der Tonreihe liegen, muß verständlich erscheinen.

Vielleicht darf hier daran erinnert werden, daß die Entwicklung auf dem Gebiete des Gesichtssinnes sich in ganz ähnlicher Weise vollzieht. Auch hier treten im Felde des sinnlich-seelischen Erlebens bekanntlich erst die hellen, warmen, die Inkarnationsphase repräsentierenden Farbentöne des Gelb, Orange, Rot auf, während die dunklen, kalten, der Exkarnation verwandten Töne des Grün, Violett, Blau erst später nachfolgen. In der Geschichte werden die letzteren Farben selbst innerhalb der griechischen Epoche für das seelische Erleben noch nicht deutlich unterschieden, sondern noch unter der allgemeinen, unbestimmten Bezeichnung des Dunklen, Meerfarbenen zusammengefaßt.

Erweist sich die Fünftonreihe schon durch ihre im obigen geschilderten Eigenschaften als deutlicher Ausdruck des imaginativen oder quintenbestimmten Musikerlebens, so ist dies aber auch noch durch einen anderen Umstand der Fall, der mit jenen innerlich zusammenhängt. Will man sie nämlich als eine Tonleiter auffassen, so muß man in ihr eine solche ohne einen festen Grund- oder Ausgangston erblicken. Sie tritt uns nämlich in fünffacher Variation entgegen, indem jeder ihrer Töne die Stelle des tiefsten Tones einnehmen konnte. In jeder dieser ihrer fünf Gestaltungen, d. h. mit jedem ihrer fünf Töne als Ausgangs- bzw. tiefstem Ton sind uns musikalische Schöpfungen überliefert. [4]) Man hat sich also die Fünfheit dieser Töne als ein fünffacher Metamorphose fähiges, im musikalischen Raume gewissermaßen freischwebendes Gebilde vorzustellen. Zu seinem schwerelosen, unbestimmten Charakter trägt wesentlich der Umstand bei, daß in diesem Tonsystem keine Halb- und damit Leit- (d. h. einen Abschluß herbeiführenden) Töne vorkommen. Dieses Schwebende, Sich-Wandelnd-Bewegende ist aber wieder ein Hauptkennzeichen des imaginativen Erlebens, das Rudolf Steiner des öfteren dahin charakterisiert hat, daß es die Seele gleichsam in ein uferloses Meer flutend-wogender Bilder versetze.

Griechische Antike und Mittelalter

In der Imagination — das deuteten wir oben ja schon an — erreicht das menschliche Erleben bereits den unteren Grenzbereich der geistig-kosmischen Welt, in welchem diese allmählich in die physisch-sinnliche übergeht. Und das menschliche Bewußtsein war in der ägyptisch-chaldäischen Zeit in diesem Grenzbereich deshalb angelangt, weil das aus kosmischen Höhen herabsteigende menschheitliche Geistwesen damals bereits vor den Toren der Leiblichkeit angekommen war, durch welche es nun im weiteren in die letztere eintreten sollte. Seine fortschreitende Zusammenziehung, in welche seine ehemalige Ausgegossenheit durch die Weltensphären übergegangen war, machte sich immer deutlicher bemerkbar. Sein vorläufiges Ziel erreichte dieser Prozeß innerhalb der *griechisch-römischen Kulturepoche*, der *vierten* seit dem Aufgange der nachatlantischen Entwicklung. In Hellas vollzieht sich der *Eintritt des Menschengeistes in die irdische Leiblichkeit.* Was für den Ägypter schon in einer gewissen Annäherung gegolten hatte, trifft für den Griechen daher jetzt im vollen Maße zu: daß er sich als in sich zusammengezogene, geschlossene, auf sich gestellte Persönlichkeit erlebt. Diese Tatsache dokumentiert sich ganz allgemein darin, daß in Griechenland die menschliche Einzelpersönlichkeit als solche zum geschichtebildenden Faktor wird und ihr Dasein auch innerhalb der jetzt entstehenden Staatsgebilde zur Geltung bringt. Eine speziellere Widerspiegelung erlangt sie in der Geburt der Philosophie, d. h. des *begrifflichen Denkens*, das jetzt an die Stelle des hinschwindenden mythischen Erlebens tritt. Denn in letzterem webt die Seele noch außerhalb des Leibes, das erstere dagegen betätigt sie innerhalb desselben mit Hilfe des Gehirns. Allerdings, so wie sie — im Bilde gesprochen — in der Imagination die Haut, die den Leib umschließt, bereits von außen berührt, so dringt sie mit dem philosophischen Denken, wie es zunächst in Griechenland erwacht, noch nicht in die Tiefe des Leibes, sondern gerade erst unter die Oberfläche der Haut ein und verspürt durch die sie jetzt umschließende Hülle hindurch noch leise das Weben der geistigen Außenwelt. Die andere Folge dieses Entwicklungsschrittes besteht darin, daß neben dem sich nun im Inneren entfaltenden Denken nach außen hin die reine Sinneswahrnehmung auftritt. Was in der Imagination noch ein einheitliches sinnlich-übersinnliches Innerlich-Äußerliches war, spaltet sich jetzt in die Zweiheit von äußerlich-sinnlichem Wahrnehmen und innerlich-seelischem Denken. Zum erstenmal blickt der Grieche mit seinen leiblichen Organen so in die Sinneswelt hinaus, daß die Geistwelt hinter dieser verdämmert. Aber wenn auch in bezug auf den Geist nicht mehr durchsichtig, so ist sie doch noch gleichsam durchscheinend. Der Schleier der Sinnesphänomene ist noch so dünn, daß das dahinter wirkende Geistige überall wenigstens noch empfunden wird.

Genau dieser Seelenverfassung entspricht nun die *Quarten*empfindung. Und von Rudolf Steiner hören wir, daß diese in der griechisch-römischen Zeit in der Tat noch ein volldurchfühltes Intervallerlebnis bedeutet habe. In der Quarte erlebt sich der Mensch bereits innerhalb seines Leibes, aber noch nicht in dessen tieferen Regionen, sondern noch unmittelbar unter der Oberfläche seiner Haut.

Man könnte nun fragen: Läßt sich diese Eigentümlichkeit des Quartenerlebnisses aus der musikalischen Funktion der Quarte heraus verständlich machen? Zur Beantwortung dieser Frage stelle man sich fürs erste einmal die Gesamtheit der Töne in Quartenabständen angeordnet vor. Was kommt dabei heraus? Genau dieselbe Reihenfolge der Töne wie bei der Quintenanordnung, nur in umgekehrter Richtung, außerdem eine dichtere Zusammendrängung des Tonmaterials. Die Quartenfolge ist das in einen kleineren Tonumfang zusammengeschobene Spiegelbild der Quintenfolge. Zweierlei ist an diesem Verhältnis der beiden Tonreihen von Bedeutung. Auf der einen Seite: daß beide Male dieselbe Folge der Töne auftritt. Das heißt nämlich: Hat man in der Quintenordnung der Töne die musikalische Repräsentation eines bestimmten Weltbereiches vor sich — und als solche haben wir sie im Vorangehenden ja aufgewiesen —, so verbleibt man in diesem selben Bereich auch mit der Quartenordnung. Wäre nun die Quartenordnung im selben Sinn und Umfang Ausdruck des *Quartenerlebens*, wie dies die Quintenordnung für das Quintenerleben war, so brächte die Quartenzeit im wesentlichen, mindestens inhaltlich, nichts Neues gegenüber der Quintenepoche. So weit dies der Fall ist, steht sie in der Tat auch nicht als eine selbständige musikalische Periode neben derjenigen der Quintenempfindung, sondern — in ähnlicher Art, wie wir dies auch von der Sextenzeit sagen mußten — als eine bloße Übergangsphase zu der (später zu schildernden) Terzenepoche hin. An dem universellen Leben und seinen Kreisläufen, das musikalisch durch die Quintenordnung der Töne symbolisiert war, und in das die Kulturen Vorderasiens noch ganz und gar eingebettet waren, nimmt auch noch das griechische Bewußtsein innigen Anteil, freilich in einer anderen, *innerlicheren* Art, als dies der Chaldäer oder Ägypter getan hat. Auf diese Andersartigkeit aber deutet nun durchaus die andere Seite des Verhältnisses zwischen Quarten- und Quintenfolge der Töne: jene, die in der Tatsache zum Ausdruck kommt, daß die erstere das verdichtete Spiegelbild der letzteren ist. Man wird durch diese Beziehung unwillkürlich daran erinnert, wie von den Gegenständen der äußeren Welt, die wir durch das Auge in unser Inneres aufnehmen, auf der Netzhaut ein verkleinertes, umgekehrtes Bild erscheint. So auch zeigt uns der Vergleich der Quinten- mit der Quartenfolge der Töne zwar inhaltlich dasselbe Weltgebiet — in diesem Falle dasjenige des universellen Lebens —; aber das eine Mal draußen in seiner Realität und kosmischen Weite ausgebreitet, das andere Mal in einem verdichteten Spiegelbild. Freilich erfolgt diese Verdichtung, Verinnerlichung und Widerspiegelung, wie das ja aber auch bei der Wahrnehmung im Auge der Fall ist, hier nur in einem ersten Grade. Aber es kommt in ihr doch zum Ausdruck jene *Erstarkung der menschlichen Persönlichkeit,* wie wir sie als charakteristisch für die griechische Zeit bezeichnet haben.

Nun findet allerdings diese seelische Verinnerlichung, als deren musikalischer Repräsentant sich die Quarte und das Quartenerleben darstellt, ihre ureigentlichste tönende Manifestation nicht in der Quartenordnung der Töne, wie wir sie im Vorangehenden nach Analogie der Quinten- und Sextenordnung zunächst betrachtet haben, sondern in einem ganz anderen Elemente des Musikalischen, in einem Elemente, das wir in ersten Ansätzen auch schon in der Quintenzeit auftreten sahen. Und wir werden auf dieses ja deutlich genug gewiesen durch die Veränderung, welche die tonlichen Grundlagen der Musik beim Übergang von der vorderasiatischen zur griechischen Kultur erfahren. Indem wir zu deren Betrachtung übergehen, wird sich uns zugleich die weitere Frage — in bejahendem Sinne — beantworten, ob die Quartenempfindung als das maßgebende Intervallerlebnis sich auch aus dem Tonsystem als solchem ablesen läßt, wie es uns für die griechische Zeit überliefert ist. Äußerlich betrachtet liegt ja der Fortschritt von der älteren zur griechischen Musik in der Erweiterung der Fünftonleiter durch die Töne f und c zur diatonischen oder *Siebentonleiter.* Die letztere bildet die tonliche Grundlage der musikalischen Kunst in Griechenland.

Nun kann ja die Siebentonleiter in ihrem Unterschied von der Fünftonleiter auch wieder von zwei Gesichtspunkten aus betrachtet werden. Man kann in ihr den Ausdruck einer weiteren Phase erblicken, die der Inkarnationsprozeß des Musikalischen erreicht hat. Von den 12 Tönen erscheinen jetzt bereits 7 voll verkörpert: d. h. die gesamte Reihe der Töne, welche auf der oberen, offenbaren Hälfte des Tonkreises liegen. Nur jene fünf Töne werden noch in mehr geistiger Art erlebt, die eben auch den verborgenen Teil des Lebenskreislaufs repräsentieren. Und man darf vielleicht die Tatsache, daß jetzt schon die Mehrzahl der Töne voll in die Sinneswelt eingetreten ist, so deuten, daß gerade mit dem Übergang vom Fünf- zum Siebentonsystem ein *entscheidender Achsenpunkt* überschritten worden ist in dem Gesamtprozeß des Abstiegs aus der geistigen Welt in die physische. Nurmehr der kleinere Teil der Töne befindet sich im übersinnlichen Gebiete, und damit geht das Erleben des letzteren sichtbar seinem Ende entgegen. Zwar ist uns noch von Heraklit das Wort überliefert: „Die verborgene Harmonie ist mächtiger als die offenbare." Aber dennoch: Während früher die geistige Welt als die helle, die sinnliche als die dunkle empfunden wurde, ist jetzt in der letzteren der Tag aufgegangen und über die erstere die Nacht hereingebrochen.

Weit wichtiger jedoch muß ein zweiter Gesichtspunkt für das eigentliche Verständnis des Siebentonsystems erscheinen. Von ihm aus gesehen bringt dieses die erste reine und volle Verwirklichung der Idee der *„Leiter"*. Und in dieser haben wir, wie oben schon angedeutet, ein ganz andersartiges Prinzip des Fortschreitens vor uns als im Quinten- oder Quartenzirkel. Worin liegt der Unterschied? In der Quintenfolge erscheinen die Töne als *geistig-räumlich* nebeneinander liegende Wesenheiten, wie ja auch die ihnen entsprechenden 12 Sternbilder entlang dem Tierkreisgürtel nebeneinanderliegen. Und wenn wir auch in der Folge dieser 12 Wirkungen den Jahreskreislauf — also ein Zeitliches — durchwandern, so schreiten wir doch zugleich einen bestimmten Raum ab. Das Zeitliche ist hier noch nicht ein eigentliches, echtes, sondern bloß die Folge räumlicher Veränderungen, was ja unmittelbar daraus erhellt, daß die jahreszeitlichen Veränderungen durch die Wanderung der Sonne am Himmelsgewölbe verursacht wird. In das echte, *selbständige Zeitliche* — mit dem immer das Moment der Einmaligkeit, Freiheit, des Neuschöpferischen verknüpft ist, oder, sofern Wiederholung eintritt, sie auf immer wieder neuen Ebenen stattfindet — treten wir erst ein mit dem *menschlich-geschichtlichen Werden* und allem, was diesem urbildlich oder abbildlich verwandt ist. Das geschichtliche Werden aber wiederum gelangt, gerade durch das damals erfolgende Erwachen der Einzelpersönlichkeit, erst in der griechisch-römischen Zeit zu seiner vollen Ausprägung. Erst Hellas und Rom bringen in Europa eine echte Geschichtsschreibung hervor. Ihnen geht in Vorderasien das Hebräertum als Schrittmacher voran. Ihr Urbild hat aber alle Geschichte in der kosmischen Evolution, wie sie durch die 7 *planetarischen Verkörperungen* [5]) hindurch verläuft, die eine esoterische Erkenntnis immer gekannt, wenn auch in sehr verschiedener Art beschrieben hat. Wie alles Räumliche an die Zwölfheit und den Tierkreis, so ist alles Zeitliche an die Siebenheit und die planetarische Welt geknüpft. Und diese Welt des *zeitlich-geschichtlichen Fortschreitens, des sich entfaltenden seelischen Lebens, der sich wandelnden Bewußtseinsstufen,* ist es, in die wir mit dem *Leiterprinzip* eintreten. Indem wir von der Sexten- oder Quintenanordnung der Töne herkommen, machen wir damit im Grunde noch einmal den Übergang von der Tierkreis- in die Planetenwelt. Damit kein Mißverständnis entstehe, ist hier auf das Folgende hinzuweisen: Gewiß hatten wir schon innerhalb der bisher geschilderten musikalischen Entwicklung ein Absteigen zu verfolgen von einer höchsten (fixsternhaften) göttlichen Wesenssphäre durch die planetarische und ätherisch-elementarische hindurch bis zur physischen Welt hin. Insofern jedoch bis zum Erreichen der letztgenannten das musikalische Erleben immer noch einen, wenn auch stets schwächer werdenden übersinnlichen Einschlag enthielt, hing es in einem weiteren Sinne noch immer mit der Fixsternwelt zusammen, welche der allgemeinste Repräsentant der göttlich-geistigen Welt überhaupt ist. Indem es nun im Griechentum in das menschlich-seelische Innere einzieht, macht es in diesem weiteren Sinne den Übergang von der Fixstern- oder eigentlichen Geistwelt zur Planetenwelt, welche der kosmische Repräsentant und Urgrund des menschlichen Seelenlebens ist. Und so geht an der Wende von der vorgriechischen zur griechischen Zeit in einem *allgemeineren* Sinne das Musikalische von der Fixsternwelt: dem Repräsentanten des geistigen bzw. naturhaften in die *Planetensphäre:* den Repräsentanten des seelischen bzw. geschichtlichen Lebens über.

Diese neue Welt hat nun ganz bestimmte Eigentümlichkeiten. Wir nennen an dieser Stelle nur eine erste. (Eine zweite wird erst weiter unten zur Sprache kommen, weil sie im musikalischen Erleben der Menschheit noch nicht zur Griechenzeit, sondern erst in einem Zeitpunkte zur Erscheinung kommt, da dieselbe Sphäre noch einmal, von der entgegengesetzten Richtung her durchschritten wird.) Wir erwähnten, daß die Planetenwelt nach der Siebenzahl geordnet sei. Die Sieben hat aber die Eigentümlichkeit, daß sie — als ungerade Zahl — sich nicht in zwei gleiche Hälften, sondern höchstens in 4 und 3 teilen läßt. Tatsächlich kommen wir auch, wenn wir die Siebenheit im Sinne ihres wahren Wesens, d. h. so, wie es auch in der kosmischen Evolution geschieht, durchschreiten, mit der 4 zu einem gewissen Höhe- oder Gipfelpunkt, mit dem eine erste Phase der Entwicklung ihren Abschluß findet. Zugleich bildet dieser aber wieder den Anfangspunkt einer zweiten Phase, die dann mit der 7 ihr Ende erreicht. Hierauf verschwindet die ganze Evolution ins Unsichtbare, um zu einer neuen siebenstufigen Entfaltung wieder hervorzutreten.

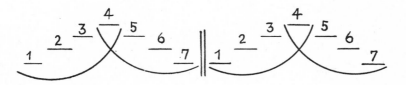

Diese innere Beschaffenheit der Siebenheit offenbart sich nun in bedeutsamer Weise in der Struktur der *Leiter*. In ihr stehen eben die Töne nicht als Repräsentanten der Zwölfheit des Tierkreises (d. h. eines Räumlichen), sondern als solche der Siebenheit der planetarischen Entwicklungsstufen (d. h. eines Zeitlichen) und damit der Intervalle. Denn lassen wir die Töne, wie im ersteren Falle, in Quintenabständen aufeinanderfolgen, also etwa c g d a e h usw., so liegen zwischen ihnen lauter ganz gleichgroße Zwischenräume (reine Quinten). Reihen wir sie jedoch, im Sinne des letzteren Prinzips, so aneinander, wie sie unmittelbar nebeneinanderliegen: in Sekundenintervallen, also: c d e f g a h c usw., so machen wir die merkwürdige Beobachtung, daß nicht alle Abstände gleich groß sind, sondern daß in verschiedenen regelmäßig wiederkehrenden Rhythmen große Sekunden (Ganztonschritte) mit kleinen (Halbtonschritten) abwechseln. Durch die letzteren wird die fortlaufende Bewegung immer wieder gehemmt, zu gewissen Ruhepunkten bzw. Abschlüssen gebracht und dadurch in Perioden gegliedert. Schreiten wir etwa von g aufwärts, so haben wir im c (durch den vorangehenden Halbtonschritt) einen Abschluß. Dieses c kann aber zugleich wieder den Anfang einer neuen Periode bilden, die dann im f zur Ruhe kommt. Und wir beginnen dann wieder von neuem beim g.

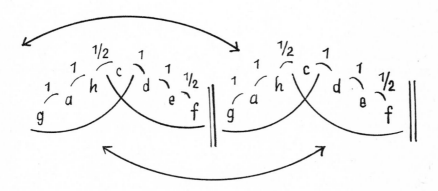

Es entsteht dasselbe Bild, wie wir es oben für die kosmische Evolution schematisch gezeichnet haben.

Wir sehen daraus ein Doppeltes: Fürs erste, daß die Tonleiter sich durch ihre objektive Struktur selbst in *zwei Viererreihen* von Tönen gliedert. Zum zweiten, daß man sie, solange man sich nur in *einer* Richtung bewegt, auf *zwei verschiedene Arten* bilden kann. Entweder man beginnt — um bei dem obigen Beispiel zu bleiben — mit g; dann ist die Leiter mit dem f innerlich zu Ende, und das g der nächsten Oktave ist nur angehängt, bezeichnet eigentlich schon den Anfang der nächsten Leiterentfaltung. Ferner haben dann die beiden Viererreihen in der Mitte den Ton c gemeinsam: er ist zugleich Abschluß der ersten und Beginn der zweiten. Oder aber man beginnt mit c; dann haben die beiden Hälften der Leiter keinen Ton gemeinsam, sondern sind durch eine Pause der Entwicklung von einander getrennt. Dafür ist dann das c der nächsten Oktave nicht nur an die Leiter angehängt, sondern ihr wirklicher Abschluß (freilich zugleich auch der Beginn der neuen Leiter).

Der Grieche erlebte nun aus Gründen, die in der Stellung liegen, welche seine Kultur im Ganzen der Menschheitsentwicklung einnimmt, in der Tat die Tonleiter so, daß ihm die Hauptsache dabei dieses *zweimalige Sichrunden* einer vierstufigen Phase innerhalb einer sieben- bzw. achtstufigen Evolution bedeutete. Er empfand die Tonleiter nicht als ein Stück aus einem Guß, sondern als ein aus *zwei Teilen zusammengefügtes Gebilde,* von denen sich jedes innerhalb einer Quarte, d. h. zu einer Vierheit von Tönen abschloß. Diese Viererreihen nannte er *Tetrachorde,* und aus ihnen setzte er alle seine verschiedenen Tonleitergebilde zusammen. Das Tetrachord ist das Maß aller griechischen Tonleiterbildungen. Er wußte auch, daß mit Hilfe der Tetrachorde eine Leiter auf die *beiden grundsätzlich verschiedenen Arten* gebildet werden kann, die wir oben angedeutet haben. Um nun den Charakter und die Mannigfaltigkeit der Leitern, die von ihm konstruiert worden sind, zu verstehen, müssen noch folgende zwei Umstände berücksichtigt werden: Fürs erste empfand er die Leiter nicht wie wir: von unten nach oben gehend, sondern *von oben nach unten* gehend. Darin kommt die Tatsache zum Ausdruck, daß er die Evolution noch nicht von der materiellen, sondern noch von der geistigen Seite her anschaute. Betrachtet man sie nämlich von der ersteren her, dann erblickt man ein Aufsteigen und Sichvervollkommnen der sinnlichen Formen. Sieht man sie dagegen von der letzteren her, dann gewahrt man ein Absteigen und Sichinkarnieren von geistigen Kräften. Und als ein (von Göttlichem zu Menschlichem) absteigendes Geschehen erschien, wie dem ganzen Orient, so auch noch dem Griechen das Weltenwerden.

Zum zweiten bildete er die Tetrachorde von den verschiedensten Tönen aus. Dadurch wurde zwar an dem Abstand ihrer Grenztöne nichts geändert. Der blieb immer eine Quarte. Und wenn schon die Tetrachordbildung überhaupt, so zeigt das unverrückbare Festhalten an der reinen Quarte als dem Abstand der Grenztöne im besonderen die Intensität des griechischen Quartenempfindens. Aber im Innern der Tetrachords konnte durch die Verschiedenheit der Anfangstöne die Folge der Intervallschritte durchaus wechseln. Und zwar waren da drei Variationen möglich.

An erster Stelle ist jenes Tetrachord zu nennen, dessen Schrittfolge das *Absteigen* der Tonbewegung am entschiedensten zum Ausdruck bringt. Es ist jenes, das zuerst zwei Ganztonschritte und dann einen Halbtonschritt enthält. Durch die ersteren erfolgt zunächst ein rasches Sinken in die Tiefe, durch den letzteren am Schlusse ein Langsamerwerden und Zurruhekommen dieses Sinkens. Es ist klar, daß dieses Tetrachord dem griechischen Erleben, das ja alle Leitern als abwärtsgehend empfand, das gemäßeste sein mußte. Es hieß das *dorische* und hat mit den verschiedenen aus ihm hergeleiteten Tonleitern in der Tat der altgriechischen Musik am meisten ihren Charakter verliehen. Nun kommt dieses Tetrachord in der Reihe der diatonischen Töne zweimal vor:

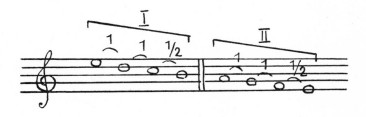

Die beiden Folgen konnten daher, im Sinne des oben angedeuteten Prinzips, auf doppelte Weise zusammengesetzt werden. Entweder so — wie es das obige Notenbeispiel zeigt —, daß die beiden Tetrachorde keinen gemeinsamen Mittelton, sondern ein Ganztonintervall zwischen sich liegen hatten. In diesem Fall entstand die *dorische Tonleiter*. Oder aber so, daß ihre Folge vertauscht wurde:

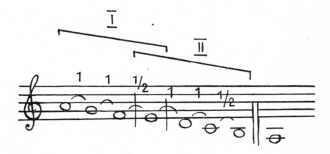

Dann hatten sie einen gemeinsamen Mittelton (e), und es mußte unten ein Ton angefügt werden. Diese Leiter hieß die *hypodorische*.

Eine zweite Gestalt des Tetrachords ergab sich dadurch, daß der Halbtonschritt in die Mitte zwischen die beiden Ganztonschritte gelegt wurde. Sie hieß das *phrygische* und repräsentierte gewissermaßen die Haltung des *Gleichgewichts* zwischen den nach oben und den nach unten ziehenden Kräften. Auch diese Folge von Schritten konnte zweimal ausgeführt werden.

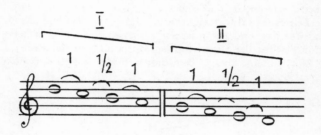

In analoger Art wie bei den dorischen Tetrachorden wurde nun auch hier eine zweifache Zusammensetzung vorgenommen; einmal so — wie es das obige Notenbeispiel zeigt —, daß zwischen beiden Tonfolgen ein Ganztonschritt lag, dann entstand die *phrygische Leiter*. Und einmal so, daß sie einen gemeinsamen Mittelton hatten, und unten wieder ein Ton angefügt wurde. Das ergab die *hypophrygische* Leiter:

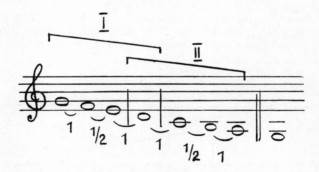

Eine dritte Gestalt des Tetrachords endlich war dadurch bestimmt, daß zuerst der Halbtonschritt und hernach die zwei Ganztonschritte erfolgten. Sie hieß die *lydische* und war gewissermaßen das Gegenbild der dorischen. Sie wurde daher auch im Gegensatze zu der Strenge und Schwere der letzteren als *leicht,* schwelgerisch, üppig empfunden. Sie fiel mit den beiden Tonreihen zusammen:

Wiederum im Sinne des Notenbeispiels zusammengefügt ergaben diese die *lydische* Leiter. Auf die zweite Art verbunden, erzeugten sie die *hypolydische* Skala:

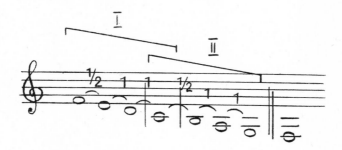

Von den lydischen Tetrachorden wurde schließlich noch eine siebente Leiter, die sogenannte *mixolydische* abgeleitet, und zwar in der Weise, daß die erste Art ihrer Zusammensetzung (welche die lydische Leiter ergibt) gewählt, aber vom oberen Tetrachord der erste Ton weggenommen und dafür unterhalb des unteren Tetrachords ein Ton angefügt wurde. In dieser Leiter werden also Merkmale der *beiden* Skalenbildungsprinzipien vermischt: daher der Name mixolydisch. Sie umfaßt die Tonfolge, die von h bis h geht:

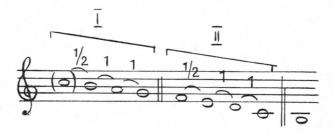

Das hiermit skizzierte System der sieben griechischen Tonarten zeigt, daß das Charakteristische derselben für die Empfindung des Griechen weniger darin lag, daß sie mit bestimmten Tönen begannen bzw. endeten, als vielmehr darin, daß in ihnen verschiedene, ganz bestimmt geartete Folgen von Tonschritten durchlaufen wurden. Sie wurden daher ja auch nicht nach ihren Anfangs- oder Endtönen benannt, sondern nach verschiedenen Volksstämmen, welche je nach ihrem Charakter und Temperament die eine oder andere von ihnen bevorzugten. Von „Grundtönen" dieser Leitern könnte man ja auch schon deshalb nicht sprechen, weil sie, wie angedeutet, nicht von unten nach oben, sondern von oben nach unten gebildet wurden. Wollte man einen Ton als den wichtigsten innerhalb einer griechischen Tonleiter bezeichnen, so müßte man jeweils den *mittleren* (die Mese) derselben bzw. den obersten Ton des unteren Tetrachords dafür ansehen. Seine Stellung unter den anderen Tönen der Leiter verglichen die Pythagoräer derjenigen der Sonne innerhalb der Planetenwelt. Und Aristoteles sagt von ihm in den „Problemen": „Alle guten Melodien gebrauchen oft den Mittelton, und alle guten Komponisten kommen oft zum Mittelton hin, und wenn sie von ihm fortgehen, kehren sie bald wieder zurück, zu keinem anderen aber in gleicher Weise . . . Es ist der Mittelton wie ein Band der Töne, und namentlich der schönen, weil sein Ton am meisten vorhanden ist." Er hatte also gewissermaßen die Bedeutung der *Tonika*. Man scheint auch beim Gesange in der Regel mit ihm begonnen zu haben; denn im 38. der „Probleme" heißt es: „Warum ist es harmonischer, von der Höhe nach der Tiefe als von der Tiefe nach der Höhe zu gehen? Vielleicht weil jenes ist vom Anfange angefangen? Denn der Mittelton ist auch der höchst gelegene Führer des Tetrachords (nämlich des unteren). Das andere aber hieße nicht vom Anfange, sondern vom Ende anfangen . . ." [6])

Wir haben im Vorangehenden das System der griechischen Leitern zunächst in der Weise dargestellt, wie man es, in einfachster Art, namentlich für die Blütezeit der griechischen Musikentwicklung, noch bis in die letzten Jahrzehnte tun konnte und getan hat. Seit dem Erscheinen der grundlegenden Forschungen von *Kathleen Schlesinger* (The Greek Aulos, London 1939) kann diese Darstellung, mindestens was die Entstehung dieser Leitern betrifft, freilich nurmehr als eine grobe Annäherung an die wirklichen Verhältnisse gelten. Im Laufe der griechischen Entwicklung hat in diesem Sinne wohl auch eine faktische Vergröberung und zugleich Modifikation der ursprünglichen Verhältnisse stattgefunden. In der griechischen Frühzeit nämlich unterschieden sich die verschiedenen Leitern (von den Griechen „Harmonien" genannt) noch in feinerer, differenzierterer Art voneinander. Es gab noch keine Halbtonschritte, sondern nur Ganztonintervalle, aber solche von siebenfach verschiedener Größe. Im nicht-temperierten System (in der reinen Stimmung) kommen ja heute noch die zwei Formen des Ganztonschrittes vor, die durch die Saitenlängen 8/9 und 9/10 bezeichnet sind, während dem Halbtonschritt die Saitenlänge 15/16 entspricht. Das frühe Griechentum verwendete auch Tonschritte, die durch 7/8, 10/11, 11/12, 12/13, 13/14 einer Saite bezeichnet sind. Es hatte das gerade darin seinen Grund, daß es die Skalen nicht aufwärts, sondern abwärts bildete. [7]) Dadurch bekam es eine Reihe von 7 kontinuierlich sich verkleinernden Tonschritten heraus, deren größter: 7/8 größer war als ein heutiger großer Ganztonschritt, deren kleinster: 13/14 bereits dem Halbtonschritt nahekam, und in deren Mitte der Schritt: 10/11 stand:

$$\frac{7}{8} \quad \frac{8}{9} \quad \frac{9}{10} \quad \frac{10}{11} \quad \frac{11}{12} \quad \frac{12}{13} \quad \frac{13}{14}$$

Die *dorische* Leiter baute sich nun, von oben nach unten, wie folgt, auf:

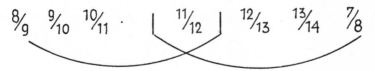

$$\frac{11}{12} \quad \frac{12}{13} \quad \frac{13}{14} \quad \| \quad \frac{7}{8} \quad \frac{8}{9} \quad \frac{9}{10} \quad \frac{10}{11}$$

Das obere Tetrachord enthielt also die kleineren Tonschritte, beinahe bis zum Halbtonschritt sich verkleinernd, das untere Tetrachord die größeren, ebenfalls sich stufenweise verkleinernd, und der größte Schritt fiel mit dem Zwischenraum zwischen den beiden Tetrachorden zusammen. Beide Tetrachorde strebten also nach unten einem kleinsten Intervall zu.

Die *hypodorische* Leiter:

$$\frac{8}{9} \quad \frac{9}{10} \quad \frac{10}{11} \quad \cdot \quad \frac{11}{12} \quad \frac{12}{13} \quad \frac{13}{14} \quad \frac{7}{8}$$

begann in ihrem oberen Tetrachord mit dem zweitgrößten der Tonschritte, ließ diese über den mittleren hinweg, der dem oberen und dem unteren Tetrachord gemeinsam war, kontinuierlich bis zum kleinsten abnehmen und endete mit dem größten, der zu dem letzten, unten angehängten Ton führte. Das dem Halbtonschritt nächste Intervall war also das zweitletzte der Leiter.

In analoger Weise begannen die phrygische und die hypophrygische Leiter mit den Intervallen 12/13 und 9/10, die lydische und die hypolydische mit denjenigen von 13/14 und 10/11, und schließlich die mixolydische mit 7/8.

Es waren also in diesen Leitern keine zwei Tonschritte gleich, sondern der Zwischenraum von Ton zu Ton, wandelte sich siebenfach ab, stets von oben her abnehmend, bis der kleinste erreicht war, dann wieder mit dem größten beginnend, — jedoch so, daß jede der Leitern mit einer anderen Größe desselben anfing. Die von uns zuerst dargestellte, einer späteren Zeit entsprechende Ableitung der Tonleitern, mit der Unterscheidung von Ganz- und Halbtonschritten, bedeutet, wie schon gesagt, nur eine Vergröberung dieser ursprünglichen Form derselben, in der die feineren Unterschiede verwischt sind. K. Schlesinger hat nachgewiesen, daß die von ihr wiederentdeckten Leitern von den altgriechischen Quellenschriften als den Einwirkungen der verschiedenen Planeten entstammend bezeichnet werden. Man hat es also ursprünglich mit *„Planeten-Skalen"* (im Sinne der 7 Planeten der alten Kosmologie) zu tun, — und dies erhärtet nur unsere obige Behauptung, daß in der griechischen Zeit das Musikalische seinem Quellbereich nach in die Planetensphäre übergegangen sei, den Repräsentanten des seelischen bzw. geschichtlichen Lebens.

Zusammenfassend darf über das musikalische Erleben der Griechen gesagt werden: Daß von ihnen 7 verschiedene Tonleitern gebildet und im Musizieren gehandhabt wurden, zeigt, mit welcher Stärke und Beweglichkeit sie in dem Elemente lebten, das zur Erscheinung kommt in dem Fortschreiten, wie es innerhalb der *Leiter* erfolgt. Es ist dies, wie schon erwähnt, das Element des *Intervallischen.* Und so war die griechische Musiktheorie denn auch vornehmlich Lehre von den Intervallen. In deren Verhältnissen und Kräftespannungen zueinander webte der Grieche im musikalischen Erleben; nicht mehr dagegen so sehr in den einzelnen Tönen als solchen, wie wir dies von den vorgriechischen Epochen behaupten mußten. Und wir sahen weiter, wie dasjenige, was nun diesem ganzen Weltelemente seine innere Gliederung und den einzelnen Tonskalen ihren verschiedenen seelischen und stimmungsmäßigen Charakter verlieh, in der verschiedenen Art der Aufeinanderfolge von größeren und kleineren *Tonschritten* lag. Und diese Möglichkeit, verschiedene Temperamente und Seelenhaltungen musikalisch widerzuspiegeln, sie entsteht eben zum ersten Mal in Griechenland. Sie war für das quintenbestimmte Musikerleben noch nicht vorhanden, weil dieses das Musikalische noch ganz im Geistig-Objektiven vorfand. Freilich erscheint diese Möglichkeit des seelischen Kolorierens des Musikalischen in Griechenland nur in einem ersten Grade. Einen weiteren Schritt auf diesem Wege werden wir dann mit dem Anbruch des Terzenzeitalters (Dur — Moll) erfolgen sehen. Aber es erweist sich durch die ersten Ansätze hierzu die „Quartenmusik" der Griechen immerhin auch in dieser Beziehung als eine Übergangsphase von der Quinten- zur Terzenepoche, ja als die Morgendämmerung der letzteren selbst. Daß aber andererseits auch die Quintenzeit sich noch ins Griechentum hinein fortsetzt, beweist die Tatsache, daß die Töne der diatonischen Leiter in ihrer genauen Höhe durch ihre Quintenverwandtschaften bestimmt waren. Und diese pythagoräische oder Quintenstimmung der Töne hat sich ja, wie oben erwähnt, noch durch das ganze Mittelalter hindurch bis in den Beginn der Neuzeit erhalten. Das Mittelalter gehört, wie z. B. die Fortdauer und Fortbildung der platonischen und aristotelischen Philosophie in der Scholastik zeigt, in gewisser Beziehung noch derselben seelischen Entwicklungsphase wie die griechisch-römische Antike, d. h. der 4. nachatlantischen Kulturepoche an. Andererseits ist es zugleich die Zeit, in der sich die 5., d. h. unsere gegenwärtige Epoche, vorbereitet. Beide Merkmale dieser seiner geschichtlichen Stellung kommen im Gebiete der Musik deutlich zum Vorschein. Einerseits erweist es seine Zugehörigkeit zur griechisch-römischen Epoche dadurch, daß es in seinen „Kirchentönen" die griechischen Tonarten — wenn auch mit gewissen bezeichnenden Erweiterungen — übernimmt und über das diatonische System im wesentlichen nicht hinauskommt. Auf der anderen Seite vollziehen sich in seinem Verlaufe jene bedeutsamen Wandlungen, durch welche das Musikalische allmählich die Gestalt annimmt, die ihm dann in unserer gegenwärtigen *fünften* Epoche eigentümlich ist. Diese Gestalt kann in Kürze dadurch gekennzeichnet werden, daß die Musik, die in der vierten Epoche noch in gewisser Weise in der dichterischen Kunst enthalten war, in der fünften Epoche sich als eine *eigene, ebenbürtige Kunstgattung* neben die letztere hinstellt. Sie wird als eine selbständige Kunst allererst im Aufgange unserer Epoche geboren. Dieser Geburtsvorgang beginnt nun bereits im Mittelalter, und zwar vor allem durch zwei bedeutsame Errungenschaften, die freilich in einem gewissen Zusammenhang miteinander stehen. Die eine ist die Entstehung der *Mehrstimmigkeit* (Polyphonie) seit etwa dem 10., 11. Jahrhundert. Durch sie wird innerhalb der Vokalmusik das Übergewicht des Musikalischen über das Sprachliche herbeigeführt und im Zusammenhang damit den Gesangstönen, deren Längendauer früher immer vom Sprachlichen her bestimmt war, eine eigene, aus dem Musikalischen herausgeholte Zeitbestimmung errungen (Mensuralnotation). Die andere ist die schrittweise *Losreißung* der melischen Bewegung von der Textunterlage, die zuerst bei den Endworten kultischer Texte (Amen, Allelujah) beginnt und dann gegenüber immer weiteren Teilen des Textes erfolgt. Durch sie wird etwas bewirkt, was allmählich zu einer gänzlich veränderten Auffassung und Handhabung der Tonleiter führt. So lange der Gesang noch streng an das Sprachliche gebunden war, konnte er sich bezüglich der Töne, mit denen er begann und endigte, ganz nach dem Inhalt der Texte richten. In dem Maße, als er sich diesen gegenüber verselbständigte, mußte er Anfang und Ende rein aus dem Musikalischen heraus gestalten, d. h. als solche kenntlich machen. Dies geschah mehr und mehr dadurch, daß von einem bestimmten Ton aufgestiegen und am Ende zu ihm zurückgekehrt wurde. Man erhob sich gewissermaßen im Gesang für eine Weile vom Boden und ließ sich dann zum Schluß auf diesen wieder nieder. Diesen Boden repräsentierte der Ausgangs- und Schlußton. Damit bildete sich die Empfindung von dem Aufsteigen der verschiedenen Tonleitern von bestimmten Ausgangstönen aus, die als deren Grundtöne angesehen wurden. Und so verkehrte sich das frühere Erleben der Tonleitern, für welches diese ihren Ausgangspunkt oben bzw. in der Mitte hatten und nach unten fortschritten, dahin, daß sie als von bestimmten Grundtönen nach oben sich entfaltend empfunden wurden. Freilich gelangte diese neue Empfindung gegenüber der früheren innerhalb des Mittelalters selbst noch nicht zu einem entscheidenden Sieg, sondern beide spielten ineinander und hielten sich noch die Waage. Zum Ausdruck kommt dies in der Unterscheidung der sog. „authentischen" und der „plagalen" Kirchentöne, welcher ja in einer gewissen, wenn auch etwas veränderten Weise jene Zweiheit der Leiterbildungsprinzipien zugrunde liegt, wie wir sie bei der Betrachtung der griechischen Skalen besprochen haben. Die ersteren nämlich hatten ihre Tonika im Grundton, die letzteren gewissermaßen noch in der Mitte, in der Quarte. So ist also das System der „Kirchentöne" der Ausdruck des Nebeneinanderbestehens von Aufwärts- und Abwärtsempfinden der Leitern. Erst mit dem Beginne der neueren Zeit behauptete die Aufwärtsempfindung als Siegerin das Feld.

Neuzeit

Nun sind ja diese Wandlungen, wie schon erwähnt, eben Symptome der sich vollziehenden *Geburt* des Musikalischen als selbständiger Kunst. Und dieses Geschehen kommt im Verlaufe des 16. Jahrhunderts zum Abschluß. „Geburt" bedeutet aber für das Wesen, das sie durchmacht, Verkörperung, Eintritt in die irdisch-physische Welt. Und so ist diese Verselbständigung der Musik zu einer eigenen Kunstgattung ja nichts anderes als der Ausdruck dafür, daß sie jetzt ihrem ganzen Wesen nach völlig in die *Sinneswelt* übergeht. *Diese* Verkörperung macht es nun von der anderen Seite her vielleicht noch begreiflicher, wenn wir das Musikalische im Griechentum noch in Verbindung stehen sahen mit der Planetenwelt. Dieser Zusammenhang spiegelte sich im menschlichen Erleben darin, daß es noch teils sinnlich, teils übersinnlich gehört, in seiner verschiedengearteten melischen Bewegung als Ausdruck verschiedener objektiver Seelenartungen empfunden und hauptsächlich als Vokalmusik, d. h. durch die Menschenstimme erklingend, gepflegt wurde. In der neueren Zeit wird die Musik vornehmlich durch äußere Instrumente erzeugt — die *Instrumentalmusik* erlebt erst jetzt ihre volle Entfaltung —, wird in der Tonmalerei vielfach zum tönenden Abbild von Naturvorgängen gestaltet, und werden in der Tanz- und Marschmusik vom Leiblichen her unsere Affekte erregt. In überwältigender Weise dokumentiert sich aber das volle Eintauchen des Musikalischen in die Sinneswelt durch die Wandlungen seiner tonlichen Grundlagen, die sich jetzt, insbesondere während des 16. Jahrhunderts, vollziehen.

Etwa um die Mitte desselben setzt sich, zuerst im Schaffen der Venezianer (A. Willaert), die Verwendung der *Chromatik* durch. Sie entwickelt sich im Gefolge der Notwendigkeit, Gesangspartien nach den verschiedenen Höhenlagen zu transponieren. Denn die Sänger — wir befinden uns in der Zeit der entstehenden Oper — wirken jetzt nicht mehr, wie in den geistlichen Chören des Mittelalters, als selbstlose Diener der Kirche zum Preise Gottes, sondern als ihrer selbst bewußte Künstler zu ihrem eigenen Ruhme. Und aus diesem Streben forderten sie für ihre Partien die bequemsten Lagen. Dadurch wurden eben die verschiedensten Transpositionen nötig, und damit kam die Verwendung der Erhöhungen und Erniedrigungen *sämtlicher* Töne der diatonischen Reihe in Gebrauch. Aus der Musikauffassung des alten Quintensystems heraus, die nur die von uns *oben erwähnten* 12 Töne als wirkliche, echte gelten ließ, wurde diese chromatische Musik anfänglich als „musica falsa" oder „ficta", d. h. als falsche oder fingierte Musik bezeichnet. Nichtsdestoweniger erlangte sie bald allgemeine Verbreitung. Ihr Auftreten bedeutet, daß jetzt alle Tonstufen in der physischen Welt zur Erscheinung kommen. Die Tonreihe ist nun im Sinnlichen restlos ausgefüllt. Aber wie erscheint jetzt die Gesamtheit der Töne? Während sie noch in der alten Quintenzeit, zum kleineren Teil erst sinnlich, zum größeren noch übersinnlich, in der Quintenfolge über das ganze Tongebiet verteilt, d. h. über den ganzen Himmelskreis als Repräsentation seiner zwölf Wirkungen ausgebreitet erlebt wurde, ist sie jetzt (in den chromatischen Folgen) zusammengedrängt in die Grenzen einer Oktave und offenbart so die Zwölfheit, die der Menschen selber, als der Mikrokosmos, darstellt. Denn die Oktave ist, wie wir eingangs bemerkten, der Mensch. Als ganz und gar *Menschliches,* aus dem Menschen Fließendes, erscheint jetzt die Musik. Aber ebensowenig wie der Quintenzirkel der 12 Töne eine „Leiter" ist, ebensowenig ist auch die zwölfstufige chromatische Tonreihe eine „Leiter". Sie ist vielmehr im selben Sinne ein Gegenstück zum Quintenzirkel, wie der Mensch als Mikrokosmos das Gegenbild oder Compendium des Makrokosmos ist. Darum unterscheiden wir ja auch von dieser chromatischen Tonfolge noch immer die eigentlichen „Tonleitern".

Bezüglich der letzteren kommt aber um dieselbe Zeit ebenfalls eine seit langem im Werden befindliche Neugestaltung zum Abschluß. Aus den verschiedenen Kirchentonleitern wachsen zwei heraus, die fortan als *Dur- und Moll-Tonleiter* allein weiter verwendet werden. Der italienische Musiktheoretiker Zarlino führt sie um die Mitte des 16. Jahrhunderts zum ersten Mal in die Harmonielehre ein. Die Dur-Leiter entspricht der ehemaligen lydischen, die Moll-Leiter der hypodorischen, welche auch als eine Mischung der dorischen und der phrygischen Tonfolge betrachtet werden kann. Warum haben sich aus den alten sieben gerade diese zwei Leitern herausgebildet? So wie im Griechentum, da die Leitern nach abwärts gebildet wurden, die *dorische* Leiter die gebräuchlichste war, weil sie das Streben in die Tiefe am stärksten in sich verkörperte, so muß es begreiflich erscheinen, daß in der neueren Zeit, da die Leiter nun als aufsteigend erlebt wird, diejenige Skala zur maßgebenden geworden ist, in welcher das Streben in die Höhe am entschiedensten zum Ausdruck kommt — stellt sie doch auch das genaue Spiegelbild der ersteren dar —: und dies ist eben die *lydische*. In der Umkehrung der Leiterbildung liegt eigentlich die Vertauschung der dorischen mit der lydischen Tonfolge schon vorgezeichnet. Und wenn schon die Leiter überhaupt, so erleben wir ja noch ganz besonders die Dur-Leiter im Aufwärtsschreiten. Denn ihren Charakter empfinden wir als ein tätiges Aussichherausgehen zur Welt hin. Dieser liegt aber schon in der aufsteigenden Leiter als solcher. In der Moll-Leiter dagegen wenden wir uns nach innen, nehmen empfangend die Welt in uns herein, überlassen uns den Kräften der Schwere. Ihr ist daher, obwohl wir sie auch nach aufwärts bilden, doch die absteigende Richtung natürlicher. Daher kommt auch in ihrer „melodischen" Form nur beim Absteigen ihre charakteristische Gestalt zum Erklingen, während wir sie beim Aufsteigen in ihrer oberen Hälfte der Dur-Leiter angleichen.

Diese zwei Leitern bilden wir nun von jedem der 12 Töne aus und erhalten dadurch 12 bzw. 24 verschiedene Tonleitern und damit ebensoviele Tonarten. Eine genauere Formulierung allerdings muß anders lauten: Ton*leitern* nämlich — wenn wir sie als das nehmen, was eigentlich ihr Wesen ausmacht: eine bestimmte Folge von Intervallschritten — haben wir trotzdem nur *zwei*. Denn es ist ja immer dieselbe Intervallfolge, nur eben nach verschiedenen Ausgangstönen transponiert, die wir in den „verschiedenen" Tonleitern durchschreiten. Trotz der 12- bzw. 24-Zahl, die der alten Siebenzahl gegenüberzustehen scheint, haben wir es also bezüglich der Ton*leitern* oder Tongeschlechter in Wahrheit mit einer Verarmung von 7 auf 2 zu tun. Anders liegt die Sache mit den Ton*arten*. Sie entstehen mit den für sie charakteristischen Zahlen von Kreuz- bzw. B-Vorzeichen, d. h. von Tonerhöhungen und Tonerniedrigungen, indem wir die genannten zwei Leitern von den 12 Tönen aus bilden. Und in ihnen kommt nun das Wesen dieser Töne in einer bestimmten Art auf doppelte Weise zur Offenbarung. In den 12 bzw. 24 Tonarten enthüllt sich das Wesen der 12 Töne. [8]) Diesen 12 Tonarten steht im diatonischen System bloß eine einzige gegenüber, die als C-dur bzw. a-moll zu bezeichnen wäre. Denn so verschieden die 7 griechischen Ton*leitern* waren, so gehörten sie doch alle einer einzigen Ton*art* an. Und so haben wir in Wahrheit in der Antike eine Tonart und sieben Leitern, in der neueren Zeit 12 Tonarten und 2 Leitern. Wir haben ja nun schon oben erwähnt, wie die Töne bzw. Tonarten der Tierkreissphäre entsprechen, die Leiter dagegen der Planetenwelt zugeordnet ist. Und so sehen wir hier fürs erste von einer neuen Seite bestätigt, daß die Antike, indem sie zwar 7 Leitern kannte, aber nur eine Tonart — die übrigens nur von uns aus gesehen als eine Tonart erscheint, in ihrer damaligen Verwendung aber eine solche gar nicht war — das Musikalische nicht in den Tönen, d. h.

in Verbindung mit der Fixsternwelt, sondern im Intervallischen, d. h. innerhalb des Planetarischen erlebte. Zum zweiten aber weist dieser Tatbestand darauf hin, daß in der neueren Zeit, da das Musikalische ganz in die Sinneswelt eingetreten ist, damit zugleich in neuer Weise das geistige Wesen der Töne sich zu offenbaren eine Möglichkeit erlangt hat. Wir können in der Tat durch die 12 Doppeltonarten uns in die Individualitäten der 12 Töne hineinleben. Allerdings konnte — wenn wir von den großen schöpferischen Musikern absehen — von dieser Möglichkeit in der neueren Zeit der Durchschnitt der musizierenden Menschheit — aus einem Grunde, den wir gleich nachher zu besprechen haben werden — keinen wirklich fruchtbaren Gebrauch machen. Dies zeigt sich darin, daß unter den musikpflegenden Menschen im allgemeinen kein deutliches Empfinden anzutreffen ist von den Unterschieden, die in bezug auf Charakter, Stimmung, Farbe zwischen den einzelnen Tonarten bestehen. Daher man denn auch nicht häufig dem Empfinden dafür begegnet, daß einem Musikstück, das in eine andere Tonart transponiert wird, dadurch sein ursprünglicher Charakter genommen und ein anderer aufgeprägt wird. Trotz diesem Umstand darf aber gesagt werden, daß im musikalischen Erleben der Menschheit, wie es sich in der neueren Zeit gestaltet hat, das geistig kosmische Wesen der Töne in einer bestimmten Weise wieder zur Erscheinung kommt. Dagegen bedeutet das Zusammenschrumpfen der einstigen 7 auf unsere heutigen 2 Ton*leitern* zweifellos eine Verarmung in bezug auf das Erleben desjenigen Elementes, das eben in der „Leiter" sich manifestiert: des *Intervallischen* und damit auch des in diesem sich offenbarenden *Seelischen*. An Stelle der 7 Farben des Spektrums, welche die 7 Tonleitern gewissermaßen repräsentierten, haben wir nurmehr den Gegensatz von Hell und Dunkel in Dur und Moll. Hierin zeigt sich eben wiederum das angedeutete Herabsinken des Musikalischen aus der Welt des Planetarischen.

Wohin ist es aber durch diesen Abstieg in die Sinneswelt eigentlich gesunken? Wir deuteten es bei der Erwähnung der chromatischen Leiter bereits an: Ganz und gar in das Innere des im Irdischen verkörperten Menschen hinein. Und aus demjenigen Seelischen, das sich durch die Erfahrungen und Erlebnisse des Erdendaseins bildet und wandelt, verdüstert oder verklärt, kommt nun die Musik auch hervor, die von den Tonsetzern geschaffen wird. Deren Schöpfungen sind in Stil, Temperament, Farbe so verschieden, wie eben das Seelenleben der Erdenmenschen durch individuelle und vererbte Anlagen, Lebenserfahrungen und Schicksale verschieden sein kann. Und sie haben nun auch vielfach rein irdische, an das Vergänglich-Leibliche gebundene Angelegenheiten zum Inhalt. Dieses persönliche, im Leiblichen webende Seelenleben aber ist es, das im Musikalischen die *Terz* versinnlicht. Und so ist es symptomatisch, daß gerade seit dem ausgehenden Mittelalter die Terz, die bis dahin als Dissonanz galt, als Konsonanz, d. h. als Wohlklang beginnt empfunden zu werden, — was unter anderem darin zum Ausdruck kommt, daß im zweistimmigen Gesang an die Stelle

der Quinten- und Quartenparallelen, in denen dieser früher geführt wurde,
seither die Terzen- (und Sexten-) parallelen treten (denn die Sexte kann als
eine Umkehrung der Terz aufgefaßt werden). Und weiter erscheint es be-
deutsam, daß die Dur- und die Moll-Tonleiter sich gerade in bezug auf die
Terz (und die Sexte) voneinander unterscheiden, indem die erstere die
große, die letztere aber die kleine Terz erklingen läßt. Im Erleben des
Gegensatzes von Dur und Moll bewegen wir uns daher in der Welt der
Terz. Und darum darf — wie Rudolf Steiner angibt — die moderne Musik,
die wesentlich durch diese Gegensätzlichkeit bestimmt ist, als im Zeichen der
Terzempfindung stehend charakterisiert werden.

So wie aber Terz und Sexte als Umkehrungen voneinander aufgefaßt
werden können und damit eine innere Zusammengehörigkeit offenbaren —
ähnlich derjenigen, die zwischen Quarte und Quinte besteht —, so kann
auch die moderne Terzenmusik als ein Spiegelbild der Sextenmusik angesehen werden, wie sie in einer uralten Vergangenheit einmal erlebt wurde.
In jenen Zeiten, so sagten wir, war musikalisches Erleben und übersinnliches Erleben im wesentlichen ein und dasselbe, indem das letztere noch
inspirierten Charakter trug; durch diesen vernahm es die Harmonie der
Sternensphären, durch welche sich dem Menschen die himmlischen Hierar-
chien: die Weltenseelenwesen kundgaben. In der Terzenepoche ist das Musikalische ein im Erdenbereiche erklingendes geworden; wieder offenbart sich
in ihm ein Seelisches, aber nicht das übersinnlich-kosmische Götterseelen-
leben, sondern das irdisch-verleiblichte Menschenseelenleben. Auch zwischen
diesen besteht jedoch eine Art von Spiegelbildverhältnis. Wie nun das
Terzenerleben die Gestaltung des Musikalischen im Laufe der letzten Jahrhunderte immer mehr und mehr durchdrungen hat, werden wir weiter
unten noch genauer verfolgen. Zunächst aber haben wir noch einer anderen Erscheinung zu gedenken.

Der Einzug des Musikalischen in die Sinneswelt zeigt sich unter anderem
auch darin, daß durch die Entwicklung des Instrumentenbaues in der neueren Zeit immer mehr die Möglichkeit errungen wird, das gesamte Gebiet
der sinnlich unterscheidbaren Töne von den tiefsten bis hinauf zu den höchsten zum Erklingen zu bringen. Neben den Streich-, Blas- und Schlag-
instrumenten, in welchen bestimmte Funktionsweisen des menschlichen
Organismus nach außen verlängert bzw. versetzt sind, und neben der
Orgel, dem Instrument der sakralen Kunst, kommt schließlich immer mehr
das *Klavier* zur Geltung, — das einzige der Instrumente, das nicht aus der
menschlichen Wesenheit herausgeholt, sondern durch rein mechanische Kon-
struktion entstanden ist. Es wird charakteristischerweise zum hauptsächlich-
sten Repräsentanten der modernen, irdisch gewordenen Musik. Nun ergaben sich aber, wie schon für die Orgel, so namentlich für das Klavier aus
der alten Quintenstimmung gewisse Schwierigkeiten. Dieser zufolge kam
man mit dem 12. Ton der Quintenreihe (von as ausgehend, also mit dem
gis der siebenten Oktave) nicht mehr genau bei einer höheren Lage des

Ausgangstons, sondern um eine Kleinigkeit höher an. Außerdem waren innerhalb der Leiter die Ganztonschritte nicht alle gleich groß, sondern der erste Schritt etwas größer als der zweite, der fünfte wieder größer als der sechste. Dadurch hatte der Ton e z. B. in der C-Leiter (als Terz) eine etwas geringere Höhe als in der D-Leiter (als Sekund). Diese Feinheiten konnte man auf den Saiteninstrumenten, auf denen der Spieler selbst die Töne bildet, und im Gesang berücksichtigen. Nicht aber auf den Instrumenten mit festen Tönen; denn man hätte sonst jeden Ton in mehrfacher Stimmung einbauen müssen. Versuche in dieser Richtung wurden in den letzten Jahrhunderten auch verschiedentlich gemacht. Sie führten aber zu einer solchen Vermehrung der Töne bzw. Tasten, daß die Gefahr einer Unspielbarkeit der betreffenden Instrumente drohte. Um diese Schwierigkeiten zu überwinden, führte man im Laufe des 17. Jahrhunderts die sogenannte *gleichschwebende Temperierung* der Töne ein. Wie die alte pythagoräische Stimmung auf das Quinten-, so gründet sie sich auf das *Oktavenintervall*, dessen Grenztöne ja durch das Schwingungszahlverhältnis 1 : 2 zueinander bestimmt sind. Und dieser Oktavenraum wurde nun in 12 ganz gleichgroße Tonschritte eingeteilt. Dadurch wurden fürs erste sämtliche Töne ein für allemal fixiert und zweitens die Unterschiede zwischen Erhöhungen und Erniedrigungen ausgeglichen. Diese Maßnahme brachte den Vorteil einer viel leichteren Beweglichkeit des musikalischen Gestaltens durch die 12 Tonarten hindurch. Während man bei der reinen oder der Quintenstimmung von einer Tonart unmittelbar nur in die ihr näher verwandten übergehen konnte, kann man jetzt mittels der sogenannten „enharmonischen Verwechslung" unmittelbar in die entferntesten Tonarten modulieren. Und diese freie Beweglichkeit durch das ganze Tonsystem hindurch hat die moderne Musik in ihren Bewegungs-, Modulations- und Ausdrucksfähigkeiten überhaupt erst möglich gemacht.

Diesem Vorteil steht allerdings ein bestimmter Verlust gegenüber, dessen Berücksichtigung erst die volle Bedeutung dieser Errungenschaft sichtbar macht. In der temperierten Stimmung der 12 Töne haben wir eigentlich gar nicht mehr die Töne selbst in ihrer Lebendigkeit und Variabilität vor uns, sondern nurmehr ein starres, totes Bild ihrer Zwölfheit. Das bedeutet aber: Indem das Musikalische ganz in die Sinneswelt untertaucht, geht eigentlich die Realität desselben nicht in die letztere ein, sondern es kommt nur sein *Bild* innerhalb dieser zur Erscheinung. Die Realität des Musikalischen bleibt doch außerhalb. Aber gerade dieser unwirkliche, bloß bildhafte Charakter, den das Musikalische im Sinnlichen trägt, ermöglicht uns, in voller Freiheit mit ihm zu schalten und zu walten. Die Freiheit und Beweglichkeit des musikalischen Schaffens wird erkauft mit dem Verlust des Drinnenstehens in der Realität des Musikalischen. [9]) Und hierin liegt der oben angedeutete Grund dafür, daß wir im allgemeinen das Wesen der 12 Töne, wie es sich in den 12 Tonarten offenbart, nicht in voller Lebendigkeit empfinden können. Durch die temperierte Stimmung ist diese Offenbarung bis zu einem gewissen Grade abgedämpft, ja ist ihr Leben eigentlich getötet. Es liegt etwas wie ein Schleier über ihr. Es tritt uns in diesem Tatbestand auf musikalischem Gebiete dieselbe Erscheinung entgegen, die wir auch im Gedankenleben der neueren Zeit feststellen können. Auch das Gedankenelement, das früher noch in höherem oder geringerem Grade übersinnlich, mit den geistigen Wesensgliedern der Menschenorganisation geschaut und erlebt wurde, ist in unserer Epoche ganz an den physischen Leib übergegangen. Das moderne Denken vollzieht sich auf Grundlage des physischen Gehirns. Dadurch hat einerseits der Gedanke selbst seine Realität und sein Leben verloren. Er ist zum toten Bilde einer Wirklichkeit erstorben. Andererseits aber hat dadurch der moderne Mensch die Möglichkeit erlangt, die Gedanken in völliger Freiheit zu handhaben und durch sie sein eigenes Wesen auszusprechen. Denn was in den Weltanschauungen der modernen Denker zum Ausdrucke kommt, sind deren persönliche Stellungen zur Welt, sind Widerspiegelungen ihrer individuellen Charaktere. So ist auch das Eigenleben des Musikalischen für das moderne Bewußtsein verdämmert. Dafür hat der neuere Mensch auf dem Gebiete der Musik die Freiheit errungen, und die Möglichkeit erlangt, *durch* das Musikalische sich selbst, sein Wesen, Erleben und Erleiden auszusprechen, — welche Möglichkeit ja dann durch Beethoven und Wagner auf ihren höchsten Gipfel geführt worden ist. Und so ist im ganzen zu sagen: es kommt in der Gestalt, die das Musikalische in der Neuzeit angenommen hat, zwar dessen kosmisches Wesen zur Erscheinung, sowohl nach der Seite seiner zwölffachen wie nach derjenigen seiner siebenfachen Ordnung. Aber wir haben in der Zwölfheit der Töne bzw. Tonarten nicht mehr den wirklichen Geist oder die geistige Wirklichkeit, sondern nurmehr das unwirkliche Bild ihres Wesens vor uns. Und die zwei Leitern, zu denen die ehemaligen sieben zusammengeschrumpft sind, zeigen, daß an Stelle der einstigen Wandlungsfähigkeit und Beweglichkeit Erstarrung und Lähmung dessen getreten sind, was Eigenleben und Eigenseele des Musikalischen ist. Und so resultiert die Einsicht: Wir leben heute so recht im Grunde *weder* in den Tönen *noch* in den Intervallen. Worin denn leben wir aber dann?

Wir leben zunächst hauptsächlich im *Harmonischen,* wie es im Zusammenklang der Töne, in den *Akkorden,* zur Erscheinung kommt. Und hier ist nun die letzte große Leistung der neueren Musik zu nennen, soweit es sich um deren tonliche Grundlagen handelt: die Begründung der modernen *Harmonielehre* durch *Ph. Rameau* im 18. Jahrhundert. Rameau geht in seiner Musiktheorie geradezu vom Akkordlichen aus und sucht die einzelnen Töne von da her, d. h. nach ihrer Akkordzugehörigkeit, zu erfassen. Die Akkorde baut er (wie das bereits im sog. Generalbaß üblich geworden war) auf Grundtönen auf, und zwar in ihrer Urgestalt als Dreiklänge von *Terzen.* Von diesen leitet er dann die anderen Gestaltungen derselben als ihre verschiedenen Umkehrungen ab. Unter den Dreiklängen unterscheidet er als die wichtigsten diejenigen auf der Tonika, auf der Oberdominante und auf der Subdominante. Die in diesen enthaltenen Töne umfassen aber sämtliche Stufen der Tonleiter. Dadurch werden die Töne der letzteren eigentlich nicht mehr als Stufen eines leitermäßigen Fortschreitens, sondern als Glieder verschiedener Terzendreiklänge und damit selbst vornehmlich in ihrem Terzenverhältnis, in ihrer Terzenverwandtschaft zueinander erlebt. Der Verlust des Leitererlebens und die Herrschaft der Terzenempfindung kommen hierin endlich zum vollsten und reinsten Ausdruck. Und so sehen wir denn, wie auch die Melodiebildung vom Prinzip des Intervallisch-Leitermäßigen immer stärker zu dem des Akkordlich-Dreiklangmäßigen übergeht. Namentlich aus den Werken Beethovens und Schuberts könnte eine Unzahl von Themen und Motiven angeführt werden, die nichts anderes als verschiedenartig zerlegte oder durchlaufene Dreiklangsfolgen darstellen. Auch das Melodische taucht ganz in das Element des Harmonischen unter. [10]) Im letzteren können wir aber die musikalische Abspiegelung des im irdischen Leibe verkörperten und verfestigten menschlichen Seelenlebens sehen. Und so wie die Inhalte dieses Seelenlebens eine Art Leichnam darstellen gegenüber dem, was den Inhalt der Seele bildete, als diese noch vor ihrer Einkörperung über die geistige Welt ausgebreitet frei in deren Lebensrhythmen mitschwang, so wird die freie Bewegung im Intervallisch-Melodischen durch das Akkordlich-Harmonische zu einer Art Ertötung und Einsargung gebracht.

Im Harmonischen, so sagten wir, lebe der moderne Mensch als musizierender zunächst. Im weiteren lebt er in den verschiedenen *Kompositionsformen*, wie sie sich seit der Verselbständigung der Musik zu einer eigenen Kunst allmählich ausgebildet haben: der Fugenform, Sonatenform, Liedform usw. Und wie im Harmonischen das irdische Seelenleben im ganzen, so spricht sich im Aufbau der verschiedenen Kompositionsformen der Mittelpunkt desselben: das menschliche *Ich,* aus. Je mächtiger oder je schwächer die Ichheit eines Komponisten ist, um so bedeutender oder geringer wird er sich in der Bewältigung, Durchbildung, Rundung dieser Formen erweisen.

Beide aber, die klassischen Kompositionsformen wie die in den festgefügten Tonarten sich bewegende Harmonik gehen gegen das Ende des 19. Jahrhunderts einer gewissen Auflösung entgegen. Die Formen werden, namentlich innerhalb der Programm-Musik lockerer, unbestimmter, der jeweiligen von außen herangetragenen poetischen Idee angepaßt; die Tonarten werden durch das immer stärker hervortretende Element der Chromatik gleichsam gesprengt. Einen Markstein auf diesem Wege bildet bekanntlich Wagners „Tristan“.

Gegenwart und Zukunft

Seit dem Beginne des 20. Jahrhunderts endlich erscheint die Überwindung des bisherigen Tonartensystems geradezu als ein Bedürfnis. Man empfindet es als „ausgeleiert". Die „Atonalität" tritt als neues Ideal auf: Im Zwölftonsystem sollen die zwölf Töne der chromatischen Leiter als solche gewissermaßen die „Tonart" bilden, — eine Tonart, in welcher der Gegensatz von Dur und Moll überwunden ist. Als Strukturprinzip, gewissermaßen anstelle der früheren Leitern, legte Schönberg seinen Zwölftonkompositionen bestimmte melische „Grundgestalten" zugrunde. J. M. Hauer, neben Schönberg der konsequenteste Vertreter der Zwölftonmusik, machte ein System von „Tropen" d. h. von aus der Zwölftonreihe nach dem Permutationsprinzip gebildeten melischen Grundgestalten zur Grundlage seines kompositorischen Schaffens.

Es liegt nun zweifellos in den Entwicklungsnotwendigkeiten unseres Zeitalters, gegenüber dem Siebenerprinzip der Leiter, welches erstmals im Griechentum in Erscheinung trat, das Zwölferprinzip der Töne wieder stärker zur Geltung zu bringen. Das zeigte ja schon die Gestaltung, welche das moderne Tonsystem in den letzten Jahrhunderten mit der Ausbildung der 12 Tonarten und der Reduktion der Tonleitern bzw. Tongeschlechter von 7 auf 2 angenommen hatte. In der atonalen Musik, wie sie heute auftritt, schießt diese Tendenz in das Extrem einer Einseitigkeit, indem das Siebenerprinzip völlig aufgegeben und nur noch das Zwölferprinzip der Töne festgehalten wird. In dieser Form aber bedeutet sie, wenn sie auch das Zwölftonsystem in moderner, polyphoner Weise handhabt, dennoch in gewisser Weise eine Rückkehr zu jener durch das Zwölferprinzip beherrschten Form des Musikalischen, die, wie wir weiter oben schilderten, einstmals während der vorgriechisch-orientalischen Kulturen (in der dritten nachatlantischen Kulturepoche) geherrscht hat. Diese kannten das Siebenerprinzip der Leiter *noch* nicht, weil die menschliche Persönlichkeit damals noch nicht zu sich selbst erwacht war und damit das Menschheitsleben noch nicht in vollem Maße geschichtlichen Charakter angenommen hatte. Hauer gibt das Leiterprinzip der Siebenheit wieder preis, und darum versetzt sein „Zwölftonspiel" den Hörer in ein „ichloses" Weben in einem kosmisch-musikalischen Geschehen, das wie zeitlos wirkt, keine Entwicklung erleben läßt, zwar gewisse Geheimnisse des kosmischen Lebens in Klanggebilden widerspiegelt, aber den Menschen sich selbst verlieren läßt. Es ist dieser Versuch ein Gegenstück zu dem, was sich auch auf anderen Gebieten des gegenwärtigen Geisteslebens auf breiter Front als Rückwendung zur Geistigkeit des alten Orients vollzieht aus dem Bedürfnis heraus, der materialistisch-egoistischen Zivilisation des Westens zu entkommen. Alle solche Bemühungen vermögen aber die Entwicklung nicht wahrhaft weiterzuführen, weil sie das verneinen oder preisgeben, was in ihr wirksam war und ist: die sich entfaltende menschliche Ichheit (Individualität). Diese gilt es nicht auszulöschen, sondern so weiterzuentwickeln, daß sie das Eingesponnensein in ihre Subjektivität überwinden und *in sich selbst* die Geistwelt wiederfinden kann, aus der sie einstmals hervorgegangen ist. Musikalisch ausgesprochen heißt dies, daß es sich heute nicht darum handeln kann, das Siebenerprinzip der Leiter bzw. der Tongeschlechter aufzugeben, sondern es aus der Verarmung und Erstarrung, die es im Fortgang vom Griechentum zur neuern Zeit erlitten hat, in sich selbst einer Neubelebung und Bereicherung entgegenzuführen, so daß es mit dem wiedererstarkten Zwölferprinzip in eine fruchtbare, zu einer Steigerung des Gesamtmusikalischen führende Auseinandersetzung eintreten kann. Wodurch läßt sich dies erreichen?

Nur dadurch, daß in bewußter Weise geschult wird die Entwicklung jener neuen Intervallempfindung, deren Heraufdrängen in all dem Suchen und Experimentieren unseres Jahrhunderts, wenn auch noch chaotisch, ohne Zielklarheit und darum der Gefahr verschiedenster Abirrung ausgesetzt, dennoch sich ankündigt. Rudolf Steiner hat diese neue Intervallempfindung im Zusammenhang mit seinen musik-geschichtlichen Darstellungen als die *Sekundempfindung* beschrieben. Wie unter ihrer Herrschaft das Ganze des musikalischen Erlebens und Schaffens allmählich sich umwandeln wird, darüber kann man sich ja nach den verschiedenen Richtungen hin mancherlei Gedanken machen. An dieser Stelle soll zum Abschluß nur *ein* bestimmter Gedankengang hierüber entwickelt werden. Und zwar im Anschluß an dasjenige, was Rudolf Steiner über den Charakter der Sekund bzw. der Sekundempfindung zunächst als solcher ausgeführt hat.

Wir erleben die moderne — im Zeichen der Terz stehende — Musik zwar gewissermaßen innerhalb des Leibes. Aber was sich in ihr widerspiegelt, ist, wie schon erwähnt, das im Leibe verkörperte, leibgebundene Seelenleben. Wir bringen die Musik unmittelbar in Zusammenhang mit unserem Seelischen, nicht aber mit unserer Leiblichkeit als solcher. Ja, wir wissen zunächst überhaupt nicht, welche Beziehungen zwischen ihr und der inneren Beschaffenheit unseres Körpers bestehen könnten. Wir wissen das ebensowenig, wie wir unser Seelenleben selbst in bezug auf seinen Zusammenhang mit dem Leiblichen verstehen. Wir wissen und fühlen zwar, *daß* unser Seelenleben in Verbindung, ja in Abhängigkeit vom Leibe steht. Aber *wie* diese Beziehungen eigentlich geartet sind, ist uns nicht bekannt. Die psychologisch-physiologische Forschung hat zwar hierüber eine Unzahl von Theorien im Laufe der neueren Zeit aufgestellt; aber keine von ihnen hat diese Beziehungen in einer wirklich befriedigenden Weise zu erklären vermocht. Das Leib-Seele-Problem ist für die Wissenschaft auch heute noch ein ungelöstes Rätsel. Aus unserem gewöhnlichen Bewußtsein heraus können diese Zusammenhänge auch nicht durchschaut werden. Die anthroposophische Forschung bildet jedoch höhere Bewußtseinsformen aus, von denen z. B. *eine* dadurch charakterisiert werden kann, daß durch sie der Mensch dasjenige bewußt (aber eben in einem anderen als dem alltäglichen Bewußtsein) durchleben kann, was er normalerweise als seelisches Wesen im *Schlafe* unbewußt durchlebt. Dadurch vermag diese Forschung darzustellen, was eigentlich mit dem Seelischen des Menschen während des Schlafens geschieht. Dieses Geschehen kann so beschrieben werden, daß das Seelische während des Schlafzustandes bis zu einem gewissen Grade aus dem Leibe heraustritt und in die geistige Welt zurückkehrt, in der es seine Heimat hat, zugleich aber von dieser Welt her und im Verein mit deren Kräften den Leib, der durch den Wachzustand immer bis zu einem gewissen Grade abgebaut wird, gleichsam von außen her regeneriert. Es kann also der Unterschied zwischen Wach- und Schlafzustand in doppelter Art gefaßt werden: Von der einen Seite gesehen steht der Anwesenheit des Seelischen in der Sinneswelt während des Wachens sein Aufenthalt in der geistig-übersinnlichen Welt während des Schlafens gegenüber. Von der anderen aus gesehen erscheint das Seelische im Wachen von innen her zerstörend, im Schlafen dagegen von außen her wiederherstellend mit dem Leibe verbunden. Diese Regeneration des Leibes kann von der Seele deshalb ausgeführt werden, weil sie ihn ja auch schon — während der Embryonal- und der ersten Kindheitszeit — in Gemeinsamkeit mit den Kräften der Geistwelt aufgebaut hat. Und ihr Einwohnen im Leibe während des Wachens wiederum ist nur darum möglich, weil sie ihn zunächst nach ihren Maßen, nach ihrem Bilde gestaltet hat. Nun stellt ja aber das Musikalische nichts anderes dar als die innere Gesetzmäßigkeit des seelisch-geistigen Wesens im Menschen. Und mit der Einprägung dieser Gesetzmäßigkeit in die Gestaltung des Leibes wird der letztere selbst nach musikalischen Prinzipien geformt. Dieser musikalische Aufbau des Leibes wird nun eben auf der angedeuteten Stufe eines höheren Bewußtseins erschaut. Damit wird das Musikalische in den Kräften aufgefunden, die den Leib gestalten. An dieser Stelle sei bezüglich dieser Erkenntnisse nur darauf hingewiesen — was ja Rudolf Steiner in den Stuttgarter Vorträgen und namentlich in seinem „Toneurythmiekurs" ausführlich dargelegt hat —, wie die Dreiheit des Melodischen, des Harmonischen, des Rhythmischen in der Musik der Dreiheit der Funktionssysteme entspricht, aus denen sich der menschliche Organismus zusammensetzt: dem Nervensystem, dem rhythmischen System und dem Gliedmaßensystem; wie ferner aus den Kräften der Intervalle heraus die menschlichen Bewegungsorgane — Arme und Beine — ihre Gliederung empfangen, dergestalt, daß der Übergang vom Schlüsselbein zum Oberarm der Prim, der Oberarm selbst der Sekund, der Unterarm (mit Elle und Speiche) der (großen und kleinen) Terz, die Handwurzel der Quarte, die Handfläche der Quinte, die Finger der Sexte und Septime zuzuordnen sind, während die Oktave schon außerhalb des Menschen liegt und von außen empfangen werden muß. Aus diesen Einsichten heraus sind ja die eurythmischen Intervallgebärden und Bewegungsformen von Rudolf Steiner entwickelt worden. Ähnliches könnte auch von den Tönen als solchen angeführt werden. Damit ist die Möglichkeit eröffnet worden, das Musikalische im Erleben an die Leiblichkeit heranzutragen, ja es mit dem ganzen, eben auch leiblichen Menschen bzw. aus den Bildekräften des Leiblichen heraus zu erleben. Dadurch aber werden die Kräfte und Elemente, um die es sich da handelt, zugleich wieder als nicht bloß seelisch-subjektive, sondern als *geistig-objektive*, als *Weltenkräfte* erlebt. Man fühlt sich in seinem Erleben an den *Kosmos* angeschlossen. Das hiermit gekennzeichnete Erleben des Musikalischen, durch welches dieses in den *Lebensbildekräften des Seelischen als gestaltende kosmische Kräftewelt* aufgefunden wird, ist nun eben das *Sekund-Erleben*. Daraus ergibt sich für uns aber, daß eben die musikalischen Darstellungen Rudolf Steiners und die Begründung der Toneurythmie aus dem Sekunderlebnis des Musikalischen erflossen sind. Des weiteren, daß demgemäß diese Kunst das kräftigste und wirksamste Mittel ist, die Sekund-empfindung zur Entfaltung zu bringen. Doch wird gewiß, was heute zunächst durch die geistige Forschung als erkennendes Erleben errungen wurde, was mittels der eurythmischen Kunst als Fähigkeit bis zu einem gewissen Grade ausgebildet werden kann, in der Zukunft immer mehr als elementares, selbstverständliches künstlerisches Empfinden auftreten.

Welches sind nun die weiteren Kennzeichen eines solchen durch die Sekundempfindung bestimmten musikalischen Erlebens? Wir kommen durch dasselbe vor allem vom Akkordlich-Harmonischen wieder in das Inter-vallisch-Melodische hinein, von der Ruhe in die Bewegung, von dem *räumlich* übereinander Gebauten (wie es im Akkord und in der Obertonreihe vorliegt) zu dem *zeitlich* aufeinander Folgenden (wie es in der Melodie auftritt). Und damit kommen wir überhaupt vom *Ton* selbst, d. h. von dem sinnlich Erklingenden, das in der neueren Zeit nach seinem ganzen Umfang zur Erscheinung gebracht worden ist, d. h. eine lückenlose Ausfüllung erfahren hat, wieder zu dem, was *zwischen* den Tönen liegt und nur geistig empfindbar ist. Nicht in dem Sinn, daß wir irgend etwas von dem für die Sinneswelt eroberten Tonmaterial aufgeben, sondern lediglich in dem Sinne, daß wir dieses Material anders gestalten lernen. Nach einer solchen vergeistigten Handhabung des Tonlichen, die durch dasselbe hin-durch das Geistige, Unhörbare wieder fühlbar werden läßt, herrscht heute bereits ein starkes Bedürfnis, nachdem man in der Zeit des äußersten Materialismus, der dichtesten Versinnlichung des Musikalischen vor lauter Klang, Schall und Lärm die eigentliche Musik nicht mehr zu hören ver-mochte. Indem wir aber von der Ruhe in die Bewegung, in das zeitliche Nacheinander, kurz: in das Intervallische hineinkommen, erobern wir uns dadurch in neuer Weise gerade die Empfindung für das *leitermäßige Fort-schreiten*, das in den letzten Jahrhunderten in gewisser Weise verkümmert war. Das bedeutet, daß auf höherer Entwicklungsstufe zu einer gewissen *Wiedergeburt* gelangt das *griechische* Musikerleben, das ja durch die Herr-schaft des Leiterprinzips bzw. des Intervallischen bestimmt war. Dieses Erleben wird jedoch, weil es jetzt auf höherer Ebene wiedersteht, etwas anders geartet sein, als es einstmals in der Antike beschaffen war. Es wird aus der Welt des Intervallischen noch anderes und weiteres herausholen, als das Griechentum herauszuschöpfen vermocht hat.

Wir haben oben darauf hingewiesen, wie das Griechentum (weil es eben das Zeitalter der Quartenempfindung war) vor allem die kardinale Bedeutung der Quarte innerhalb der Leiter erlebt hat. Wie es das Sichabgrenzen, Sichabrunden empfand, das in der Quarte erfolgt, und wie sich ihm dadurch die Leiter geradezu in zwei Quartentonreihen (Tetrachorde) zerlegte. Diese Bedeutung der Quarte ist durchaus in der objektiven Beschaffenheit der Leiter begründet und wird daher auch künftig in ihrer Wichtigkeit immer gewürdigt werden müssen. Sie tritt gerade durch die Bewegungsgebärden der Toneurythmie voll in die Erscheinung. Und so erweisen diese in neuer Art die Berechtigung der Tetrachordbildungen. Zu diesem Erleben der Leiter wird aber in der Zukunft — im Zeichen der Sekundempfindung — noch ein anderes hinzukommen. Trotz ihrer inneren Gliederung werden wir — weil wir eben bereits in der 5. nachatlantischen Epoche leben — die Oktave vornehmlich als ein kontinuierlich sich entfaltendes *Ganzes* erleben. Wir werden das Schreiten von Ton zu Ton, von der Prim bis zur Septime bzw. Oktave als *einen* aufsteigenden Stufenweg empfinden. Und wir werden darin unser eigenes Wesen finden. Wir werden dessen Organisation von Stufe zu Stufe durchlaufen. Und wir werden dabei zugleich unser Bewußtsein von Schritt zu Schritt in immer neuen Metamorphosen verwandeln. Eine Stufenfolge von Bewußtseinsverwandlungen werden wir dabei durchmachen. Es wird dies ein viel *innerlicheres* Erleben der Leiter bedeuten, als es im alten Griechenland vorhanden sein konnte. Während der Mensch damals das Leitergeschehen gewissermaßen geistig von außen her betrachtete, es in seiner architektonischen Gliederung überschaute, wird es jetzt ein inneres Mitmachen dieses Geschehens, ein fortschreitendes Sichverwandeln mit dem Geschehen sein. Es wird zu einem Weg innerlich-seelischen Erlebens werden, auf dem wir durch uns selbst hindurch- und aus uns selbst herausgeführt werden, um uns schließlich (in der Oktave) in der Welt in einer neuen, höheren Art wiederzufinden. Und dies wird eben bedeuten: die Leiter von der Sekund her erleben. Denn es ist ja eben jede ihrer Stufen, obwohl sie vom Grundton her eine Terz, Quart, Quint usw. bildet, gegenüber dem unmittelbar vorangehenden Ton immer zugleich *Sekund*. Im leitermäßigen Fortschreiten ist immer zugleich ein sekundenmäßiges Fortschreiten enthalten. Hieraus erhellt aber wiederum die innere Verwandschaft des Sekunderlebens mit dem Leitererleben bzw. dem Intervallerleben überhaupt. Es ist die Sekund gewissermaßen die allgemeinste, ursprünglichste Gestalt des Intervallischen, aus der alle anderen Gestaltungen desselben als sich differenzierend oder sich entfaltend empfunden werden können. Darum konnte auch erst Rudolf Steiner zum erstenmal jene Darstellung des inneren Wesens der einzelnen Intervalle: d. h. der verschiedenen Bewußtseinsgestaltungen geben, welche die Intervalle repräsentieren. Jene Darstellung, die auch diesen unseren Ausführungen zugrunde liegt. Und wenn es aus diesen Darstellungen heraus möglich war, das musikgeschichtliche Werden tiefer als bisher zu begreifen, so zeigt dies, daß aus dem Sekunderleben, d. h. aber aus dem vollausgereiften Intervallerleben heraus, auch erst ein eigentlich *musikalisches Verständnis der geschichtlichen Entfaltung der Tonkunst* erstehen kann.

Wenn wir nun auf diese Weise wieder in das eigentliche Leben des Musikalischen hineinkommen, so wird dies jedoch nicht etwa heißen müssen, daß wir die temperierte Stimmung der Töne wieder aufgeben. Der Temperierung verdanken wir ja mit unsere Freiheit im Musikalischen; und diese darf nicht mehr verloren gehen. Das Bedeutsame des künftigen Musikerlebens wird vielmehr gerade darin liegen, daß wir aus der Unwirklichkeit und Bildhaftigkeit, in der uns das Musikalische von außen her gegeben wird, uns durch die Aktivierung unseres inneren Erlebens, wie wir sie z. B. mittels der Toneurythmie erreichen können, immer von neuem heraus- und hinaufringen in dessen lebendige geistige Wirklichkeit. Es ist jedoch durchaus denkbar, daß aus dem so errungenen inneren Erleben heraus dann das Bedürfnis erwachen kann, dieses Leben der Töne und Intervalle durch eine neue Art von auch im Sinnlichen erscheinender Variabilität derselben gestaltend zum Ausdruck zu bringen, — einer Variabilität, in welcher auf einer höheren Ebene auch jene Variationen der Ganztonintervalle eine Wiedergeburt erfahren, welche einstmals die frühgriechischen Planetenskalen kennzeichneten. Von diesem Gesichtspunkt aus dürfen in den Bemühungen um eine Viertel- oder gar eine Sechsteltonmusik, in welcher die Intervalle um kleine Nuancen verringert oder vergrößert werden können, Ansätze gesehen werden, aus denen sich Möglichkeiten entwickeln können, das neue Erleben im Schaffen zu verkörpern.

Gegenüber der geistigen Gebundenheit, die noch über dem musikalischen Erleben der Griechen gewaltet hat, wird als ein Wesentliches des künftigen Erlebens der Charakter der *Freiheit* berücksichtigt und behauptet werden müssen. Aus dieser Freiheitlichkeit heraus erscheint es weiter vorstellbar, daß, da ja natürlich das gesamte Tonmaterial, das im Sinnlichen errungen wurde, erhalten bleiben soll, in mannigfaltigster Verwertung desselben Leiterbildungen oder leiterartige Bildungen zustandekommen. Und so dürften auch die Versuche von neuen Leiterbildungen, die schon da und dort aufgetreten sind (Busoni, Skrjabin), als ein Hinstreben zu solchen künftigen Möglichkeiten gewertet werden.

Selbstverständlich wird sich auch die Musiktheorie und im besonderen die Harmonielehre unter der Herrschaft der Sekundempfindung von Grund aus metamorphosieren. An die Stelle des Terzenprinzips wird in irgend einer Weise das Sekundenprinzip treten. Es ist z. B. schon von Alois Hába in seiner Harmonielehre [11]) gezeigt worden, daß es durchaus möglich ist, die Zusammenklänge der Töne, wenn man sie nur bis zu Siebenklängen erweitert — und die Tendenz zu solchen Erweiterungen ist in der heutigen Musik durchaus da —, ob es nun Terzen- oder Quarten- oder Quinten-

usw. Akkorde sind, alle auf Sekundenklänge zurückzuführen in der Weise, daß die letzteren dann als ihre Urgestalt bzw. ihre engste Lage, die ersteren jedoch als die Umkehrungen bzw. weiten Lagen erscheinen. Insofern wir aber im Sekundensiebenklang die *Leiter* als Akkord haben, erscheinen damit die sämtlichen Akkordbildungen von der Leiter aus, als deren weite Lagen bzw. Umkehrungen konstruiert. So kommt Hába bereits zu der Formulierung: „Das Prinzip der Leiter ist das Fundament aller melodischen und harmonischen Bildungen. Es gibt kein separates konstruktives Gesetz für die Melodiebildung (die Leiter) und ein anderes konstruktives Gesetz für die Harmoniebildung (Terzen-, Quarten- oder andere Systeme), sondern die Leiter . . . ist das gemeinsame Gesetz für die Melodie- und Harmoniebildung".

Die Durchseelung und Vergeistigung des musikalischen Erlebens, welche die Sekundenempfindung bedeutet und bewirkt, wird letzten Endes jedoch im wesentlichen wiederum nur als Übergangsphase zu dem angesehen werden müssen, was Rudolf Steiner als das eigentliche Zukunftsziel der Musik bezeichnet hat: die Erwerbung der Empfindung für die *Prim* bzw. die *Oktave*. Und diese wird erst eine ganz wesentlich neuartige Offenbarung des Musikalischen im sinnlichen Felde bringen. Vielleicht ist die Auffassung berechtigt, daß mit der Empfindung der Prim, d. h. der Bewegung innerhalb eines und desselben Tones dereinst in neuer Form das Erleben des einzelnen Tones als solchen, das in anderer Art einmal am Ausgangspunkte der musikalischen Entwicklung gestanden hat, wiedererrungen sein wird. So daß von der Planetenwelt aus, in die wir uns ja im musikalischen Erleben durch die Sekundenempfindung bereits in neuer Weise wieder aufschwingen, schließlich wieder die *Tierkreissphäre* erreicht wäre, in der ja die Töne ihre Heimat haben und von der ursprünglich das Musikalische herabgestiegen ist. Aber während früher im Sexten- und Quintenerleben die Töne sich immer nur in einem bestimmten Bereich offenbarten, wird dann im Zeichen der Prim, d. h. des Insichselbstwebens der einzelne Ton sich unmittelbar in seinem eigensten, tiefsten Wesen erschließen. Und wie im einstmaligen Herabsinken des Musikalischen aus den Höhen des Himmels eigentlich das geistige Wesen des Menschen selbst zur Erde herabgestiegen ist, so wird es künftig im musikalischen Wiederaufstieg auch sein Menschentum, aber jetzt als das freie und selbständige, das es auf Erden geworden ist, in jene Welt hinauftragen. Indem dieses aber als selbständiges die Region wiedererreichen wird, von der es einstmals seinen Ausgang genommen hat, wird es da in einem tiefsten Sinne zugleich sich selbst wiederfinden. Und dieses Zusichselbstkommen im Zurückkehren in seine ureigenste Heimatwelt auf höherer Entwicklungsstufe wird eben das *Oktaverlebnis* ausmachen, das mit dem Primerlebnis oder dem Erleben des einzelnen Tones als solchen verbunden sein wird. In diesem Wiedererreichen der Ausgangswelt durch die Vollendung der eigenen Wesensentwicklung liegt aber zugleich der Ausgangspunkt für eine neue Evolution. Und diese Tatsache enthält vielleicht den Schlüssel zum Verständnis der Mitteilung, die Rudolf Steiner über das Erleben des einzelnen Tones als solchen gemacht hat, wie es eben dann auftreten wird: daß nämlich im einzelnen Tone selbst schon eine *Melodie* vernommen werden wird, ein zweiter Ton, der auf die Vergangenheit, und ein dritter Ton, der in die Zukunft weist. In dieser Melodie, die für das Erleben aus dem einzelnen Ton hervorquellen wird, wird sich eben offenbaren, daß der Mensch, auf der Höhe dieser Errungenschaft, auf eine Weise in ein Weltelement eingetaucht ist, durch welche zugleich seine Erinnerung auf eine vergangene Evolution hingelenkt und sein Schaffensdrang zu einer kommenden impulsiert wird. In A. v. Weberns Suchen nach einer im einzelnen Ton aufzufindenden „Tonmelodie" darf vielleicht auch hievon schon eine wenigstens ahnende Empfindung erblickt werden.

Wir möchten die erwähnte Mitteilung über das künftige Empfinden der Melodie im einzelnen Ton und die damit verbundene Wandlung des musikalischen Erlebens im Ganzen hier in einer Formulierung wiedergeben, die ihr Rudolf Steiner in einer Fragebeantwortung anläßlich eines Kurses für Lehrer am Goetheanum in Dornach am 5. Januar 1922 gegeben hat: „Ich muß allerdings aus verschiedenen Voraussetzungen heraus der Meinung sein, daß die Musik eine Art von Fortschritt durch das erfahren wird, was ich nennen möchte die intensive Melodie. Diese intensive Melodie würde darin bestehen, daß man sich gewöhnen wird, den heute als *einen* Ton aufgefaßten Ton zu empfinden schon wie eine Art von Melodie. Man wird sich also gewöhnen an eine größere Komplikation des einen Tones. Und wenn man dazu kommen wird, dann wird das auch in einem gewissen Sinne eine Modifikation unserer Skala geben, aus dem einfachen Grunde, weil die Intervalle in einer verschiedeneren Weise ausgefüllt sein werden, als man bis jetzt angenommen hat. Und dann wird man gerade auf diesem Wege wiederum einen Anschluß finden an gewisse Elemente dessen, was ich Urmusik nennen möchte, und von dem ich ja in den Entdeckungen der Modi der Miß Schlesinger tatsächlich sehr Wichtiges zu erkennen glaube. Ich glaube allerdings, daß sich da ein Weg eröffnet, um das musikalische Empfinden überhaupt zu bereichern und auf gewisse Dinge zu kommen, die das, was durch die ja doch mehr oder weniger — ich möchte sagen — zufälligen Skalen, die wir haben, in das Musikalische hineingekommen ist, überwinden werden." [12])

Wer die vorangehende Deutung des durch die Sekund- und die Prim- (bzw. Oktav-) Empfindung gekennzeichneten musikalischen Erlebens als zu weitgehend empfände, dem möchten wir zu bedenken geben, was Rudolf Steiner zugleich über den Inhalt ausführt, der in dieser künftigen Musik gestaltet werden wird. Nicht mehr werden dies bloß irdische Angelegenheiten sein, wie sie eben nur im Leibe zwischen Geburt und Tod die menschliche Seele ausfüllen, und wie sie von der Terzenmusik der letzten Jahrhunderte in überwiegendem Maße gestaltet wurden, sondern solche Erfahrungen, wie sie sich ergeben auf dem inneren Entwicklungswege, der die Seele hinausführt in das Erleben der außerirdischen Welten, ihrer geistigen Wesenheiten und ihres leibaufbauenden Wirkens. Darstellungen der *inneren Wandlungen,* welche die menschliche Seele auf dem *Initiationspfade* durchzumachen hat, werden den Gegenstand des musikalischen, und unter den verschiedenen Künsten *ganz besonders* eben des musikalischen Schaffens in der *Zukunft* bilden. So finden sich hierüber in dem Vortrag „Umwandlungsimpulse für die künstlerische Evolution der Menschheit" [13]) folgende Worte, mit denen wir unsere Ausführungen abschließen möchten: „Wenn einmal das, was mit Bezug auf den Initiationspfad geschildert werden kann, von den Menschen nicht so durchlebt werden wird wie heute, sondern so, daß sie bei den Schilderungen dessen, was die Seele da zu erleben hat, Beseligungen und schwere Enttäuschungen durchmachen, wenn das ein *ganzes Erleben* ist, dann wird die Seele des Menschen erst so erschüttert werden können in ihrer Teilnahme an den Schicksalen all der Wesen, die im außermenschlichen Dasein, in den Ereignissen des Kosmos wirken, daß sie in sich Erschütterungen, Entbehrungen und Erlösungen erleben wird, die, wenn dann die also von dem Erleben der Schilderung des Initiationspfades angeregte Seele sich dazu gedrängt fühlen wird, zum Ausdruck kommen können in *Tonzusammenhängen* . . . Geben wird es in Zukunft Menschen, die werden die Schilderungen des Initiationspfades empfinden; die werden fühlen, daß ein intensives Erleben bei dem, was uns da scheinbar so abstrakt entgegentritt, möglich ist, viel intensiver, als es in unserem äußeren physischen Erleben der Fall ist, und dann wird ein Moment kommen für diejenigen Naturen, die die Dinge in ihrer Wahrheit empfinden, die auf dem Initiationspfade geschildert werden, wo sie sich sagen können: „jetzt fühle ich, das, was ich da erlebe, bringt mich in Zusammenhang nicht mit der Natur, in der ich darinnen stehe auf dem Erdenrund, sondern mit dem, was den Kosmos durchwebt und durchlebt. O, ich kann das alles nicht bloß erleben, aber ich kann es *singen,* ich kann es *komponieren.*"

Hinweise im Text

1) Siehe „Unsere atlantischen Vorfahren" von R. Steiner.

2) „Versucht man es, die charakteristischen Züge, aus denen sich das Bild der primitiven Musik zusammensetzt, in einer Reihe übersichtlich aufzuführen, so kann man als die hervorstechendsten Merkmale wohl folgende angeben: was das Tonmaterial anbelangt, den Gebrauch eines oder einiger weniger Töne, die, in fortwährender Wiederholung eines und desselben Tones, einer und derselben Phrase, mit ermüdender Monotonie immer wiederkehren . . . Die Beobachtung dieser typischen Erscheinung war es denn auch, die schon den englischen Musikhistoriker John Frederic Rowbotham veranlaßt hatte, verschiedene Entwicklungsepochen der primitiven und archaischen Musik anzunehmen, die durch die Zahl der benutzten Töne sich unterschieden, insofern auf die früheste Epoche von 1 und 2 Tönen eine solche von 3, 4 usw. folgten." (G. Adler: Handbuch der Musikgeschichte, S. 3.)

3) Vgl. dazu die Ausführungen von Heinrich Ziemann über „Polaritäten-Metamorphose in der Tonskalen-Bildung" in dem Jahrbuch „Gäa-Sophia" Band 2, 1927. S. 413 ff. (Verlag Emil Weises Buchhandlung, Dresden.)

4) Beispiele hierfür bringt H. Helmholtz in seiner „Lehre von den Tonempfindungen", 4. Ausgabe, 1877, S. 429 ff.

5) Siehe die „Geheimwissenschaft" von R. Steiner.

6) S. Helmholtz, Lehre von den Tonempfindungen, S. 396.

7) Siehe Ernst Bindel: Die Zahlengrundlagen der Musik im Wandel der Zeiten, 1. Band, Stuttgart 1950, S. 31 ff.

8) Vgl. Hermann Beckh: „Das geistige Wesen der Tonarten."

9) Diese Auffassung der Temperierung verdanke ich Alois Hába (Prag).

10) S. Hans Georg Burghardt: „Das Melodische im Stilwandel deutscher Musik", Breslau 1934.

11) Alois Hába: „Neue Harmonielehre". Leipzig 1927.

12) Abgedruckt in der Zeitschrift „Die Menschenschule" 1950, Heft 4/5.

13) Erschienen als Band I der Schriftenreihe „Kunst im Lichte der Mysterienweisheit".

Vom gleichen Autor ist erschienen:

MOZART UND BEETHOVEN im Entwicklungsgang der abendländischen Kultur

Eine kulturgeschichtliche Betrachtung zu Mozarts zweihundertstem Geburtstag.

24 Seiten, brosch., Fr. 2.40 / DM 2.--

Werke von Hans Erhard Lauer im Novalis Verlag Schaffhausen

Kulturimpuls der deutschen Klassik

Urbild und Erdengestalt - zugleich ein Beitrag zu den
Zukunftsaufgaben der europäischen Mitte

2. überarbeitete und wesentlich erweiterte Auflage   Fr./DM 25.--

Versuch, auf der Grundlage geisteswissenschaftlicher
Erkenntnis die geistige Bewegung der deutschen Klassik
zu charakterisieren und damit zu einer Besinnung auf
deren geschichtliche Mission beizutragen, die auch heu=
te noch aktuell ist und darauf wartet, fortgeführt zu
werden.

Die Zukunft der Freiheit

Schriftenreihe Vereinigung für freies Unternehmertum   Fr./DM 10.--

H.E. Lauer und Gerhard Szczesny

Vom richtigen Altwerden

Der menschliche Lebenslauf, seine geschichtlichen   Fr. 22.--
Wandlungen und seine Gegenwartsprobleme   DM 18.80

Geschichte als Stufengang der Menschwerdung

Band I   Erkennen und Erinnerung
Band II   Die Wiederverkörperung des Menschen   Fr. 28.--
           als Lebensgesetz der Geschichte   je Band   DM 24.--
Band III Der moralische Aspekt der Geschichte

Das Gesetz der Evolution   Fr. 12.--
und die Zukunft des Menschen   DM 9.80

Der Mensch in den Entscheidungen   Fr. 18.--
des Jahrhunderts   DM 14.80